大野萌子
Moeko Ono

よけいなひと言を好かれるセリフに変える

言いかえ図鑑

サンマーク出版

はじめに

無意識に使っている言葉が、印象をつくっている

「悪気はなかったのに、ちょっとしたひと言で相手を不機嫌にさせてしまった」

あなたは、こんな苦い経験をしたことはありませんか？

あるいは、「ご機嫌をうかがっただけなのに、イラッとされた」「相手のためによかれと思って言ったのに、傷つけてしまった」「上司や部下との会話がギクシャクしてうまくいかない」といったケース。


こうした声は、官公庁や企業などで年間150件以上の講演や研修を行い、2万人以上の社会人にコミュニケーションの指導をしてきた私によく寄せられる悩みです。

私は長年、さまざまな企業内健康管理室でカウンセラーとして、たくさんの方のお話を伺ってきました。

ご相談いただく悩みの9割は、「上司とうまくいかない」「部下の指導に手こずっている」「取引先とかみ合わない」「家庭不和」など、人間関係に関することです。

言葉というのは怖いもので、使い方を一歩間違えると人間関係にヒビが入ったり、取り返しがつかなくなったりすることもあります。

でももっと怖いのは、相手をイラッとさせることを言っている自覚がない人。

自分では気づかないまま、「マイナスの口癖」が習慣化していて、周囲との人間関係を築くことができず悩んでいる人がとても多いのです。

ハラスメントの行為者（加害者）になりやすいのも、このように無意識のうちに余計なひと言を口にしているタイプです。

特に、2020年6月1日に施行された通称「パワハラ防止法（労働施策総合推進法）」の影響で、組織のコンプライアンスが厳しくなり、ビジネスの現場におけるコミュニケーションにいっそう配慮が必要になってきました。

しかし、「下手なことを言ってしまうとマズイから」と、言いたいことを我慢して、人と話すことを避けてしまうと、ますますわかり合える機会を失ってしまいます。

プラスの言葉を使って「好印象な人」になろう

そもそも、どんな仕事も、人と人とのコミュニケーションなくしては成り立ちません。特に、「ホウ・レン・ソウ」が欠かせない上下関係や、立場が違う人間がチームワークで業務を遂行する場合はなおのこと。

日常的な挨拶や返事の仕方はもちろん、お願いしたり、意見を言ったり、注意したり、謝ったり、褒めたり、叱ったり……。

ありとあらゆる場面で、言いたいことを伝えつつ、相手に信頼感や安心感を与えて、好意的に受け取ってくれるような言い方を、ひとつでも多く身につける必要があります。

それは、対面の会話だけでなく、メール、チャット、SNSなどのコミュニケーションツールを使う場合でも同じです。

そこで、本書では、「よけいなひと言」を「好かれるセリフ」に言いかえるパターンを、141例、15章のシーン別にわけて解説しました。

プラスの表現は、人間関係に良いスパイラルを生み出します。

好印象を与えるひと言がとっさに出てくると、言いにくいことを伝えるときでも、相手を傷つけることなく、素直に納得してもらうことができます。

そのようなポジティブなコミュニケーションのコツが身につくと、周りに対しても好感、好印象を与えるようになって、信頼関係を築けるようになっていくのです。

同じことを伝える場合でも、使う言葉次第で、まったく違った意味に受け取られることがあります。

そのような事例もたくさん紹介しますので、「自分もこれで痛い目に遭いそうになった」「あの人が使っていてモヤッとした」「こういうこと、あるある」など、自分の言動や周りの人を振り返りながら、お読みいただければと思います。

本書が、自分の言い方をよい方向に変えて、人間関係が改善するきっかけになれば、これほどうれしいことはありません。

大野萌子

よけいなひと言を好かれるセリフに変える　言いかえ図鑑　もくじ

第1章 挨拶・社交辞令

「挨拶」は、その人の第一印象を決める大切な儀式。相手に「安心感」と「信頼感」を与えるための、もっとも大事なコミュニケーションです。

お互い、笑顔で気持ちよく挨拶を交わせたら、その後のやりとりもスムーズに進むもの。逆に失礼な挨拶をして、「不機嫌なのかな？」と相手に不快な思いをさせてしまったら大失点です。一度マイナスになった第一印象を、プラスに変えることは、そう簡単にできるものではありません。

一方、「社交辞令」は人間関係において必ずしも必要ではありません。けれども、自分をよく見せたいときや、関係性を維持したい場合、「今度ランチでも」などと、つい口にすることはよくあります。ただ、その気もないのにいつもお茶やランチに誘っていると、「行こう行こう詐欺」だと思われますので、軽はずみに口にしないこと。それでも社交辞令を言いたいときは、それとわかるようにサラッとあいまいな表現で、期待を抱かせないのがポイントです。

大変ですね
あ、これ頼まれたコピーです
あ、ブチョー
大変ですねぇ〜
出社遅くなりました
ズキズキ
なんだか頭が痛くて…
えっ
それは
大変ですねッ
ワー ワー
大変だー大変だ!
なんだか余計にしんどい…
頭が痛いんですね
そっ
そうなんです!!
タイヘンダー
大丈夫?
伝わるって大切…!!

✕ よけいなひと言

ご苦労さまです

←

◎ 好かれるひと言

お疲れさまです

目上の人に「ご苦労さま」は失礼。
挨拶で地雷をふまないように

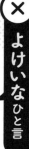

新入社員が、取引先の管理者に「ご苦労さまでした」と言って相手を怒らせてしまったことがあります。なぜなら、「ご苦労さま」というのは、**上の立場の人が目下の人に対して使う表現**だからです。

でも残念ながら、その意味を知らずに使っている人がいます。言われてもそれほど気にしない人もいますが、相手によっては「きみにご苦労さまなんて言われる筋合いはない！」と腹を立てる人もいるのです。

目上の人に限らず同僚でも、このひと言がきっかけで人間関係がこじれるケースも実際にあります。なぜなら、「ご苦労さま」と言われたほうは、「あなたの部下じゃない」と反発心を感じるから。ですから、第一声の挨拶として相手をねぎらいたい場合は、「お疲れさまです」と言うほうがベターです。

ただ最近は、「疲れてないときにお疲れさまですと言われても……」と気に障る人もいるようです。単なる挨拶であれば**「おはようございます」「こんにちは」「失礼します」**といった言葉のほうが無難でしょう。ねぎらいの言葉であれば、**「おかえりなさい」「○○の件が無事に進んだようで何よりです」**と言うことで気持ちが伝わると思います。

挨拶は人間関係の大きな潤滑油。ただ、ちょっとした配慮をお忘れなく。

IIKAE 2 ZUKAN

× よけいなひと言

大変ですね

←

◎ 好かれるひと言

仕事が忙しいんですね

「大変」はうすっぺらい同情に感じられる言葉

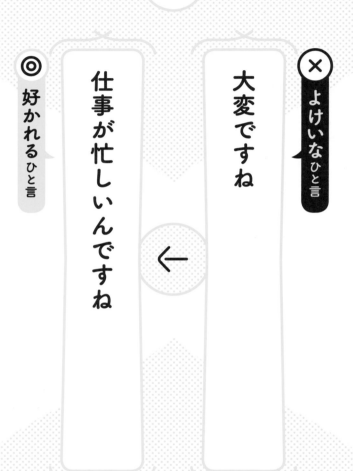

基本的に人は、自分の状況や気持ちを理解してほしいという思いで相手と関わります。「こんなことがあった」「こんな気持ちになった」ということをわかってほしいのに、**大雑把にひとくくりにする「大変ですね」**は、表面だけの社交辞令にも聞こえ、不快になります。他人事のように感じられるからです。

たとえば、「風邪ひいちゃって」「最近、仕事が忙しくて」といった言葉に、「大変ですね」と返すとどうでしょう。たとえねぎらいのつもりでも、相手が「大変」だと思っていなければ返答に困るだけ。また、人によってはうれしいことも大変そうに話すので、「休日も子どもと遊んで疲れちゃった」と言う人に、「大変ですね」と真顔で返すのもよけいなお世話。「いや、幸せで忙しいんだけど」とイラッとされるかもしれません。

もし本当に大変なことがあっても、当事者の苦しみは他人にはわかりません。それどころか、他人に「大変」だと決めつけられたら、ますますネガティブな気持ちになります。

ですからまずは、「大変」というブラックワードを安易に口にしないこと。それよりも、相手が発した言葉を繰り返すほうが理解を示せます。「最近休みが取れなくて」には、**「休みが取れないほどのお忙しさなんですね」**という具合です。とくに挨拶にともなう会話のはじめでは、「相手の言ったことをそのまま受けとめて返すこと」が大切です。

IIKAE 3 ZUKAN

× よけいなひと言

疲れてる？

←

◎ 好かれるひと言

元気だった？

「疲れてる？」と言われて本当に具合が悪くなることも

「元気だった？」「元気よ。○○さんも元気そうね！」という挨拶は気持ちいいですよね。

ところが、家族でもない人から会った瞬間に、**「あれ、疲れてる？」「なんか疲れてない？」**などと言われると、なんとなくイヤな気分になるものです。なぜならそういう言葉は、「今日のあなたはやつれているよ」とか「顔色が悪くてしんどそうだよ」と言われているのと同じだから。気持ちが**〝マイナス方向〟**に引っ張られてしまうんですね。

もしも本当に疲れている場合は、「そりゃあ、いろいろあって疲れているけど、そんなにはっきり言わなくても……」と、さらにダメージを受けることになります。

反対に疲れていない場合でも、「今日は元気なのにそんなに疲れて見えるなんて、私大丈夫かな？」と心配になって気分が落ち込みます。「病は気から」というように、一日に何度も「疲れてる？」と言われると本当に具合が悪くなってきて、「もう帰って寝たほうがいいわ……」ということにもなりかねません。

ですから、もし相手が疲れているように見えて気になるときでも、「マイナス言葉」ではなく「プラス言葉」で、「元気だった？」と声をかけること。それも**「久しぶりだね！元気だった？」**となるべく明るく言うように心がけましょう。人から好かれる人は、話し相手の気持ちをプラス方向に持っていけるコミュニケーションができる人。プラス言葉の達人なのです。

IIKAE 4 ZUKAN

× よけいなひと言

仕事はうまくいってるの?

←

◎ 好かれるひと言

最近、どう?

「はい」「いいえ」でしか答えられない質問で問い詰めない

軽い挨拶のつもりで、「仕事はうまくいってるの？」と聞いたことがある人がいるかもしれません。実はこれ、とてもデリカシーに欠ける言葉なのです。うまくいっているのかいないのか、**「はい」か「いいえ」の答えを促す〝クローズドクエスチョン〟（閉ざされた質問）**だからです。特に答えたくない話題の場合には〝クローズドクエスチョン〟は相手を問い詰めて気まずい雰囲気にしてしまいます。「それを聞いてどうするの？」と戸惑う人もいるでしょう。

仮に、仕事がうまくいっていたとしても、自慢するのは気が引けますから、「何とかやっています」と適当に答えることに。うまくいっていなければいないで、当然、話したくもないわけですから、どちらにしても返事に困るだけなのです。

それは仕事に限らず、何を聞くのも同じこと。たとえば、学校から帰宅した子どもに、「今日学校楽しかった？」と声かけしてしまうと、楽しかったという答えを求められていると感じ、イヤなことがあったことを話すのを躊躇《ちゅうちょ》してしまう場合があります。話題は相手が選べるよう、「学校どうだった？」というように**〝オープンクエスチョン〟（開かれた質問）**で聞きましょう。「どう？」という問いの答えの対象は広く、ニュアンスもやわらかいので、聞かれたほうは答えたくないことを避けて応答することができるのです。「どう？」という問いかけは、相手に話したいことを選択してもらえる、とても便利な言葉なのです。

IIKAE 5 ZUKAN

×よけいなひと言

私のこと、覚えていますか？

←

◎好かれるひと言

あのときお会いした大野です

自分から先に名乗ったほうが、相手への気遣いになる久しぶりに会った人に、「私のこと覚えていますか?」と聞かれて、戸惑うことがあります。**「覚えているのかいないのか」を試されているよう**で、覚えていなかったら、「あなたは失礼な人間だ」と思わせる脅しのようにも感じられるからです。

「すみません、すぐ思い出せなくて」と正直に言える雰囲気ならいいですが、多くの場合は、「ああ、あのときの?」なんて言葉をにごして返事に困るもの。でも覚えていないのは、急に思い出せないだけのこともありますが、相手がその程度の印象しか持っていないからです。それなのに自分が悪者になった気分にさせられるのは、イヤですよね。

「覚えてる?」とは少しニュアンスが異なりますが、「これ知ってる?」も相手に対して失礼な聞き方です。「私は知っているけど、あなたは知らないよね」と思っているのが前提で、バカにされているように感じるからです。さらに悪いケースは、知らなかったときに、「え、知らないの?」とダメ押しされること。言われたほうは、自分が関心のないことを知らないだけで責められているようで、ムッとするものです。

ですから、久しぶりに会った人には、**相手を試すような言い方はしないこと**。挨拶するときも、**「私はあのイベントで会った大野です」**と、先に名乗りましょう。自分が知っている話を教えたいときは、「こういう面白い話があるの」と自分から話すこと。これが鉄則です。

IIKAE 6 ZUKAN

×
よけいなひと言

そのうち、ランチでも

←

◎
好かれるひと言

月末あたり、ランチしませんか？

社交辞令と本気度の違いは話の「具体化」で決まる

仕事仲間でも友人でも、帰り際に「じゃあまたランチでもしましょう！」と声をかけ合うのはよくあることです。単に「さようなら」「またね」と言うだけではそっけないので、社交辞令のつもりで「またランチでも！」と言ってしまうこともあるでしょう。しかし、その受け取られ方はさまざまです。

「また近々連絡するのでランチでも」「落ち着いたらランチでも」と、中途半端にその気があるような言い方をすると、「ランチしたいと言ったのは向こうなのに連絡がこない」と相手をガッカリさせてしまう可能性があります。

人によっては、「あの人はいつも口先だけだ」と腹を立てることもあるかもしれません。そういう風に思われた人は、いざランチしたくても誰も本気にしてくれない、オオカミ少年のようになりかねません。

もしも〝**本気で**〟ランチに誘いたいなら、「**今度ぜひランチしましょう。今月の下旬頃はご都合いかがですか？**」というように、話を〝**具体化**〟して進めましょう。それでももし相手の都合が合わない場合は、その場で「代案」を出してみましょう。それでも調整がつかなければ、相手のほうが社交辞令で返事した可能性もあるので、無理に誘わないほうが迷惑になりません。

「本気」と「社交辞令」を勘違いしない・させないように意識しましょう。

IIKAE 7 ZUKAN

× よけいなひと言

連絡がなかったから心配していた

←

◎ 好かれるひと言

久しぶりに連絡をもらえてうれしい

相手を責めるより自分の気持ちを伝えて

連絡をして久しぶりに会った友人に、「ずいぶん連絡がなかったから心配していたよ」と言われるのと、「久しぶりに連絡をもらえてうれしかったよ」と言われるのとでは、どちらが気分がいいでしょうか？　前者と後者では、受け取り方がまったく異なりますよね。

たとえば、久しぶりに連絡した友人に、「最近、連絡がなかったから具合でも悪いのかと思ったよ」と返されたら、責められているようで気分が悪くなります。「せっかく連絡したのに人を病人扱いするなんて」と、抵抗感を覚える人もいるのではないでしょうか。

一方、**「連絡をもらえてうれしい、ありがとう。元気そうでよかった」**と言われたら、悪い気はしませんし、むしろ「連絡してよかった」と気持ちよく話せるものです。

久しぶりに連絡をくれた相手に対する返事の仕方には、もうひとつ注意が必要です。つい言ってしまいがちなのが、**「私も連絡しようと思っていたところだったの」**という言葉。この裏には、「こちらから連絡しないで申し訳ない」という気持ちが含まれているとは思うのですが、そのため言われた相手は、「じゃあなんで先に連絡くれなかったの？」と不快になりがちです。

ですから返事もよけいな気遣いは抜きにして、「連絡くれてうれしかった。ありがとう！」と**喜びや感謝の気持ち**をストレートに伝えるようにしましょう。

IIKAE 8 ZUKAN

✕ よけいなひと言

勉強になりました

◎ 好かれるひと言

クレーム対応の話が特に参考になりました

←

「具体的な言葉」をプラスすると相手に伝わりやすい

会話の中で、相手の話に対して「感想」を伝える機会はよくあると思います。その内容が、**「勉強になりました」「参考になりました」**といった漠然とした言葉だけであれば、ただの社交辞令だと思われてしまいます。特に相手が取引先や上司だと、無難に返そうと思うがあまりにこういった言葉を言いがちかと思います。

しかし、相手が一生懸命話してくれたことを、**たったひと言で簡単にまとめてしまう**だけでは、相手をガッカリさせてしまうことも。

ある会社員は、上司にアドバイスを受けるたびに「勉強になります」と返事をしていたら、「いつも勉強するだけで実践してないじゃないか！」と怒られたそうです。

だからといって難しいことを言う必要はありません。大事なのは、誰もが使うワンパターンの言葉だけではなく、**「自分の言葉」を入れて話すこと**。特に、聞いた話の内容について感想を言うときは、「日頃、悩んでいたクレーム対応の事例の話が特に参考になりました」というように、何が勉強になったのか、**ひと言でもいいので〝具体的な言葉〟で伝える**ことです。

長く説明する必要はありませんが、「何が」をひと言つけ足すだけで、受け取るほうの印象も変わるのです。自分の考えや気持ちを「言語化」できるよう、自分と向き合う時間を作ることもおすすめします。

IIKAE 9 ZUKAN

×よけいなひと言

今日はかわいいですね

←

◎好かれるひと言

今日も素敵ですね

「今日は」は×。「今日も」は○。
「かわいい」より「素敵」がベター

「今日もかわいいね」と言われると悪い気はしませんが、「今日はかわいいね」と言われるとちょっとがっかりしませんか。**「今日は」**は「いつもはかわいくないけど、今日だけは違うね」とネガティブな意味を含み、**「今日も」**は「いつもかわいいけど、今日もかわいいね」とポジティブな意味を表すからです。言っているほうは「は」と「も」をさほど意識せずに使っていても、場合によっては、とんでもない誤解を招いてしまうこともあるのです。

以前、ある女性から聞いた話が象徴的でした。その女性が会社の同僚と休日にデートすることになったとき。気合いを入れて新しく買ったワンピースを着て行ったら、「今日はかわいいね」と言われたそうです。その意味を、「会社ではいつもかわいくないと思われているんだ」と受け取った彼女は、落ち込んで数日休んでしまったというのです。ちょっと極端な例ではありますが、**「は」と「も」の使い方にはそれほど注意が必要**です。

もうひとつ気をつけたいのは、「かわいい」という形容詞。「かわいい」は、相手との関係性によっては〝上から目線〟だと思われることがあります。上下関係がはっきりしている場合や親しい間柄なら別ですが、そうでない相手に言われると、見下されているようなニュアンスに感じることがあります。

ですから、もし見た目をほめるなら、**「今日も素敵ですね」**と言いかえたほうが安心ですよ。

第2章

お願いごと・頼みごと

「お願いごとや頼みごとをするとき、いかに相手に気持ちよく引き受けてもらえるか？」というのは、誰もが頭を悩ませる問題だと思います。

「この人のためだったら、忙しくても引き受けよう」「自分のメリットにもなりそうだからやってみよう」と思ってもらえれば大成功。反対によくあるのは、「こっちの忙しい状況も知らずにお願いされても無理」「ムチャぶりするな」と思われて、反感を買ってしまうケースです。

お願いごとの大前提は、まず相手のスケジュールを聞くこと。また、お願いしたい案件に必要なスキルや知識があるかを確認すること。また、本人にとってチャレンジ系の業務であれば、頑張って達成することで実績が上がるといったメリットまで伝えることも大事です。

普段はそれほど親しくもないのに、困ったときだけ仕事を振ってくる人はブーイングものです。相手に気持ちよく引き受けてもらいたければ、自分から気持ちいいコミュニケーションを心がける努力を。

この企画は大事だからな
しっかりやってくれよ
ハイ
ん〜甘いな〜
ポイッ
もっとこう……徹底的にやってくれない？
ねえ、その企画に私も絡んでるから
え――――と…テッテイテキトハ…
ぬぼ〜〜
見せてくれない？
なるほどね!!この部分が少しわかりにくいから変えてほしいってことですよね、部長!!
えっ
うんそうっ

IIKAE 10 ZUKAN

× よけいなひと言

ちゃんと　しっかり　徹底的に

←

◎ 好かれるひと言

この作業はここまでやってください

指示は「具体的」に伝えなければ事故につながることも

細かい作業が必要なときに**「徹底的にお願いします」**という言い方をすることがあると思います。これも36ページの「ちょっと」と同じあいまい表現なので、注意が必要です。

わかりやすい例として、建設現場や工場でよく聞く話をしましょう。危険をともなう仕事に関わる人たちに対して、「徹底的にしっかりと安全確保してください」と指示する場合があります。「徹底的に」というのはとても強い言葉ですし、基本的な理解があればそれで問題ないように思いがちです。ところが現場は、外注や下請けも多く、本来の業務内容を理解していない人もいます。その人たちが自分の感覚で「このぐらいでいいだろう」と自己判断して、ケガや事故を招いてしまうケースが多いのです。

こういう事態を避けるためには、**「この作業はここまでやって安全確保をしてください」と、誰が聞いても理解できる具体的な数字**などを入れて「細かい指示」をしなければいけません。

「徹底的に」と似た言葉で、「ちゃんと」「しっかり」「きちんと」も一般によく使われていますが、言ったほうと言われたほうの間で、「何をどこまでやるのか」を確認していないとトラブルにつながります。

自分の要望や期待は、1から10まで説明しなければわかってもらえない。そう思って面倒でもひとつひとつ相手に伝えることが、結果的に物事をスムーズに進めるコツなのです。

IIKAE 11 ZUKAN

×よけいなひと言

ちょっといいですか?

←

◎好かれるひと言

10分ほどお時間ありますか?

あいまい表現は避けて、
時間や期日まで伝えるのがポイント

「ちょっといいですか？」と声をかけることはよくあると思います。でもこの「ちょっと」は、**人によって受け取り方がまったく異なります**。「3分」「30分」「1時間」をちょっとだと思う人もいれば、「食事でもしながら話したほうがいいかな？」と思う人もいるでしょう。この時間感覚の違いが、人と人がすれ違う大きな原因になることが多いのです。

たとえば、事務所に電話をかけたときに、「いま担当者が不在ですので後ほどかけ直すように申し伝えます」と言われたとしましょう。この「後ほど」はあなたにとってどのくらいの感覚でしょうか？　私が企業研修の際にこの質問をすると、見事にバラバラの答えが返ってきます。短い人は「5分」「10分」、または「30分」から「数時間」。さらに「その日中」「翌日まで」という人もいて、5分から翌日までとかなり幅がでます。

つまり、**「ちょっと」「後ほど」といったあいまい言葉**で、相手がこちらの「つもり」をわかってくれると思ったら大間違いなのですね。

ですから、相手に時間をとってもらいたい場合や、返事をお待たせする場合は、**「10分ほどお時間ありますか？」「明日のお昼までにお返事します」**というように、〝具体的に〟期限や期日を伝えてください。また、もしその約束を守れなくなった場合は、〝事前に〟変更のお詫《わ》びとお願いをして約束を破らないことも大事です。

IIKAE 12 ZUKAN

×　よけいなひと言

できれば早めにお願いします

←

◎　好かれるひと言

月末までにお願いします

「できれば」「早めに」もあいまい表現の危険フレーズ

対面でのやりとりだけでなく、メールやチャットでお願いするときも、多くの人が無意識のうちによく使っているのが、**「できれば」「可能だったら」**というよけいなひと言です。これは、お願いするほうが相手に配慮するつもりでも、言われたほうは「できたらでいいのかな」と思って優先順位を下げてしまう言葉です。

反対に、忙しい人だとスケジュールの優先順位を常に考えるため、いつまでにやらなくてはいけないのか明確にわからず対応を迷わせてしまう、迷惑なフレーズでもあります。

ですから、「**今月末までに**この案件をお願いしたいのですが、難しい場合はご相談ください」と、はっきりと希望を伝えましょう。下手に相手に遠慮していると、『できれば』とあったので、仕事が立て込んでいたため手をつけていません」と、平然と言い返してくる人もいます。

「なるべく早めに」も、「なるべくと言うなら、すぐやらなくてもいいんだな」と受け取られる可能性があります。「早めに」も、**人によって受け取り方が違うあいまい表現**で、トラブルのもとになりやすいので避けたほうがいいでしょう。この場合は、「この案件を、今週、金曜日の17時までにお願いすることはできますか？」と具体的に聞くことです。そして、相手から「イエス」か「ノー」ではっきりと返事をもらうところまでやりとりすること。そうすれば、「そんなつもりじゃなかったのに」の行き違いがなくなり、スムーズに話が進むのです。

IIKAE 13 ZUKAN

× よけいなひと言

お手すきのときにお願いします

◎ 好かれるひと言

〝今週中に〟お願いします

「気遣い」や「遠慮」がトラブルのもとになることも

相手に気を遣って配慮するあまり、誤解を招いてしまうよけいなひと言はまだまだあります。たとえば**「お手すきのときに」「お時間があるときに」「急ぎじゃないんだけど」**といった、相手の都合を優先するようなお願いの仕方です。

そういう「前置き」をして部下に仕事を頼んだ上司が、「あの件、どうなってる？」と聞いて「時間がなかったのでやってません」と言われることがあります。その返事にイラッときた上司が、「なんでやってないんだ！」と声を荒らげて、コンプライアンス窓口にパワハラで訴えられたケースもあります。

誰にとっても時間は大切ですから、必ずやらなければいけないこと以外は、どんどん「後回し」にしてしまうものですよね。その中で貴重な「お手すきの時間」ができれば、まずは自分のために使いたくもなるでしょう。もちろん、本当に急ぎではなく、やってもやらなくてもいい宙ぶらりんの案件もあるかもしれません。しかし、どんな仕事にも納期はつきもの。

人にお願いするときは、**「遅くとも2週間以内にお願いしたい」**などと期日を明確にすることです。その上で、スケジュールの調整が必要な場合は、時間が経《た》つほど相手の予定も埋まっていくので、希望を聞いたらすぐに返事をすること。もしくはこちらから希望を伝えて、**「明日までにお返事ください」**と短期間で決められるようにやりとりできるといいですね。

IIKAE 14 ZUKAN

× よけいなひと言

これ、なんとかならない？

←

◎ 好かれるひと言

この部分がわかりにくいから変えてください

漠然とした“ムチャぶり”はパワハラになる可能性大

平気でムチャぶりする上司ほど、部下にとって迷惑なものはありません。場合によっては、パワーハラスメント（パワハラ）で社内外の相談窓口に訴えられる可能性もあります。その代表的な言葉が、**「なんとかしろよ」**といった**漠然とした指示や命令**です。

たとえば以前、相談を受けたケース。自分が作った資料に対して上司から、「これ、もうちょっとなんとかならないのか？」と何度も突き返されたため、心を病んでしまった方がいました。その人は「どこが悪いのでしょうか？」と上司に聞いたそうですが、「そんなの自分で考えろよ」と取り合ってもらえず、何度も真面目にやり直しをするうちに追い詰められてしまったのです。今後、こうした問題は増えてくると思います。パワハラの行為者（加害者）にならないためにも、一層の注意が必要です。

こうした事態を避けるためには、**「この部分がわかりにくいから変えてほしい」「ここをこのように変更してもらえますか？」**と〝具体的な指示〟を出す必要があります。

仕事をお願いするときや急いでほしいときにも、「なんとかならない？」と頼む人がいますが、これもNG。**「この仕事、今週中の納品なのでここまで手伝ってもらえませんか？」「この案件は明日までにお願いできますか？」**と、〝期日と内容〟をはっきりと伝えてお願いするようにしましょう。

IIKAE 15 ZUKAN

× よけいなひと言

このくらいの仕事なら、
できるよね？

←

◎ 好かれるひと言

この仕事を、
あなたにお願いしたいです

相手を見下したお願いの仕方は反感を買うだけ

あなたがもし上司から、**「このくらいの仕事ならできるよね？」**と言われた場合と、**「この仕事をぜひあなたにお願いしたいです」**と言われた場合、どちらのほうが気持ちよく引き受けられるでしょうか？　前者のように相手を見下し、試しているような言い方をされると、素直に受けとめられずにイヤな気分になりますよね。反対に、自分に対する信頼や期待が感じられる頼み方をされると、「できるかも。頑張ってみよう！」とやる気がわくと思います。

つまり、同じことをお願いされるのでも、**「見下されている」**のか**「期待されている」**のか、その違いがわかる言い方ひとつで、相手の反応は180度変わるのです。

お願いされたほうは、自分の何を期待されているのか相手の**「意図」**を知りたいのです。それがわからず、適当に頼まれたり仕方なく自分を選んだ様子がうかがえると、警戒したり反感を抱いて、仕事に対するモチベーションが一気に下がるのです。

「できる、できない」の考え方にも幅があります。ある人が部下に、「パソコンはできる？」と聞いて、「できる」と言った人に資料作成を頼んだら、実際はメールしか使えなくてパワーポイントを知らなかった、という話を聞いたことがあります。もうひとり「できない」と答えた人は、パワポの高度な活用に自信がないだけだったとか。それほど人の考え方は違うので、**「何がどこまでできるのか」**の細かい確認も忘れないようにしましょう。

IIKAE 16 ZUKAN

×よけいなひと言

よろしくお願いします

←

◎好かれるひと言

この資料を、よろしくお願いします

「よろしくお願いします」の多用と使い方に注意を

「よろしくお願いします」は、ビジネスシーンの中でもっともよく使われている言葉のひとつ。これがよけいなひと言だと言われたら、「明日からいったいなんて言えばいいの？」と思われるかもしれませんが、その心配はいりません。気をつけてほしいのは「使い方」で、**使うことがダメなわけではありません**。ただ、便利だからと無意識に「よろしくお願いします」を多用していると、思わぬトラブルにつながることもあります。

以前、次のようなケースがありました。仕事の依頼に関する長くてわかりにくいメールの最後に、「以上、よろしくお願いいたします」と書かれていたことに腹が立ったことがあるというのです。聞けば、「わけのわからん仕事を丸投げしといて、何がよろしくだと思った」とのこと。その人の話を聞いた周りの人も、多くの方が同意されていました。きっと同じような経験があるのでしょう。

この場合は、**「この資料の作成を、よろしくお願いいたします」**というように、**「お願いしたい用件は何か」**をわかりやすく伝える必要があります。

また、何かをお願いされて断ったにもかかわらず、「引き続きよろしくお願いします」と言われることに抵抗を感じる人もいます。このように、何でもかんでも最後に「よろしくお願い」していると相手を不快にさせることもあるので、使い方には充分気をつけてください。

×よけいなひと言

ついでにお願いね

←

◎好かれるひと言

この件も追加でお願いできますか？

「ついでだからいいでしょ」という
失礼な甘えは通用しない

「非正規社員」と「正社員」の意識の差や、「若い世代」と「上の世代」の世代間ギャップを感じる場面が多くなった今の時代。「仕事よりもプライベート優先」という人も増え、自分の決まった仕事以外は断り、残業をしない人も出てきました。出社したときの挨拶を求めても、「就業規則には書いてありませんので」と断る人もいると聞きます。

しかし上の世代には、残業が苦にならずむしろ会社に人生を捧《ささ》げてきた人も少なくありません。そのため、自分たちが当たり前だと思ってやってきたことを、下の世代に求めてトラブルになるケースが後を絶たないのです。

「ついでにお願い」もそのひとつ。これは、「できることは何でもやってほしい」と思う人と、「どこまでが自分の仕事なのかはっきりさせたい」人の意見がわかれやすい言葉です。

特に、業務委託やフリーランスで案件ごとに仕事を引き受けている人に、**「ついでだからいいでしょ」という甘えは通用しません**。ブラック企業と思われる可能性もあります。

たとえ社員でも「ついで」にやらされることは、たいした案件ではないことが多いので、自分が見下されていると感じます。そう思われないためには、**「この件も追加でお願いできますか?」**と元の話とわけてお願いすること。また、あくまでも追加ですから、断られても仕方がないと割り切ったうえで頼んでみることです。

IIKAE 18 ZUKAN

✕ よけいなひと言

それはしないでください

←

◎ 好かれるひと言

それはこうしてください

お願いするときは「否定形」ではなく、「肯定形」で

何気なくオフィスのドアを閉めたときに、「あ、ドアを閉めないでください」と指示されるのと、「ドアを開けておいていただけますか」とお願いされるのとでは、どちらが気分的によいでしょうか。

どちらも「ドアを開けた状態にしておいてほしい」との要望なのですが、前者が「〇〇しないで」という否定形であるのに対し、後者は「〇〇して」という肯定形による言い方で、印象は大きく変わります。これは日常のさまざまな場面にも通じることですが、人は「否定形で指示される」よりも「肯定形で依頼される」ほうが、受けとめやすくなります。

部下のミスを指摘するときも、「それはしないでください」と過去にやったことを否定するより、「次からはこのようにしてください」と未来に向けた肯定的なアドバイスのほうが、前向きに取り組んでもらえます。「この資料の納期は絶対に遅らせないでください」と言われるより、「この資料の納期は守ってください」と言われたほうがやる気が出るんですね。

友だち同士でも、「今月は忙しいから会えないの」というより、「**来月は時間があるから会えるよ**」と言ったほうが、お互い気持ちがいいもの。お願いごとだけでなく、仕事でもプライベートでも会話の基本は「**肯定形**」です。「否定形」で話をする人は、相手に対してネガティブな印象を与えてイメージも悪くなってしまうのでご注意を。

第3章
断り方

「上手に断ること」が苦手な人が少なくありません。「断ったら嫌われるかも」「断ったらもう次の仕事がこないかも」と心配になって、できないことや、やりたくないことを無理して引き受けた経験がみなさんにもあると思います。

まず覚えておいてほしいのは、「断る＝拒絶」ではない、ということ。

「断ると相手を拒絶しているようで不快な思いをさせてしまう」と思い込んでいる人が多いのですが、そんなことはありません。むしろ、断れなかったがために相手に迷惑をかけて、関係性が悪くなるケースもあります。上手に断るには、おさえておきたいコツがあります。

たとえば、断るときに必ずしも理由を伝える必要はありません。また、その気がないのにあいまいな返事をしないことが大切です。「できません」「行きません」と意思をはっきり伝えること。関係性を維持したい場合は、必ず「代案」を提案しましょう。

本章でぜひ〝断り上手〟を目指してください。

この書類今日中にまとめてくれんか？
大丈夫です！
今日の打ち合わせ14時からいける？
部長!!できましたー
おー助かった！
ところで打ち合わせの時間は大丈夫なのか？
それは自分断ったんで
大丈夫ですっ
えっ
ドヤッ
ヒョイ
断るなら「できない」と言おうな!?
ヒ〜〜〜
ビュー
来たっ!!

IIKAE 19 ZUKAN

× よけいなひと言

大丈夫です

←

◎ 好かれるひと言

わかりました　できません

「イエス」と「ノー」の意味がある「大丈夫」は誤解を招く

「大丈夫」というのはもともと「立派な男」という意味で、「しっかりしていて安心できる様子」を表す言葉です。そこから派生して、「わかりました」「できます」の意味で使われることが一般的でした。

ところが最近では、反対の意味の「やりません」「いりません」「できません」といった断り文句として、「大丈夫です」が使われるケースが目立ちます。そのため誤解が起きやすくなっているのです。

私の講師仲間も、仕事で使う資料の準備をお願いしたとき、「あ、それは大丈夫です」と言われて送られてくるのを待っていたら、相手は断ったつもりでいたため大変な目にあったことがあると言っていました。

プライベートで親しい人と話す場合は、「大丈夫」の使い方ですれ違うことはあまりないと思います。お互いの〝話しグセ〟がわかっているからです。しかし、多種多様な人とやりとりするビジネスシーンで、「イエス」と「ノー」の正反対の意味を併せ持つ言葉を使うのはトラブルのもと。特に何か頼まれたときに、「大丈夫です」を使うのは危険です。

できるときは「**できます**」「**わかりました**」、できないときは「**できません**」「**厳しいです**」と意味を明らかにすると、誤解を招かないので安心です。

IIKAE 20 ZUKAN

× よけいなひと言

今ちょっと忙しいので

←

◎ 好かれるひと言

今週は厳しいですが来週でしたら

「忙しい」は「あなたのための時間はありません」と言っているようなもの

何か頼まれたときに、「忙しさ」を理由に断るのはよくあること。「忙しいので」「立て込んでいるので」「バタバタしているので」もよく耳にする言葉です。しかしこの断り文句は、「あなたのための時間はありません」と言っているのと同じで、失礼にあたります。失礼にならない方法は、**「今週は厳しいですが来週でしたら」**と、いつまでならできるのか明示すること。

断る理由が忙しさではなく、仕事の内容に関する場合は、**「その仕事に必要なスキルがまだありません」「業務内容の引き継ぎをしていません」**というように、できない理由を、正直に伝えることです。そうすると言われたほうも、別の人に相談するか、できない部分をフォローする手段を検討するなど、対策を考えることができます。

一番よくないのは、やりたくない仕事やできない仕事まで、すべて「忙しさ」を理由に断ること。そうすると、「この人は言い訳ばかりしてやる気がないんだな」と思われて信頼を失ってしまいます。断ること自体は悪くありません。しかし断り方を間違えると、相手との関係性が悪くなってしまうのです。

ですから、まずは**「できない理由」**を伝えて、**「代案」**がある場合は提案すること。すると断られたほうも、「そういうことか」と理解して不快な思いをせずに済みます。代案は、次につなげる気持ちの架け橋です。

IIKAE 21 ZUKAN

× よけいなひと言

できればやりたいのですが

←

◎ 好かれるひと言

都合が悪いためできません

断るときには「理由」を詳しく言わないほうがいい

空気を読んで人との摩擦を避けたがる日本人は、「イエス」「ノー」をはっきり言うことに慣れていません。そのため、頼まれたことや誘われたことを断るときも、**「できればやりたいんですが」「本当は行きたかったんだけど」**などと、ついついよけいなことを言ってしまいがちです。

しかしそう言われると、「やりたいと言うならやってよ」「本当は行きたいなら来ればいいじゃない」と思ってしまう人もいるのです。場合によっては、「本当にその気があるなら他のことを調整してでも来てほしい」と突っ込んでくるかもしれません。

また、**「その日は別の約束があって」**と言い訳するのもよくありません。別の予定を優先するのは、「あなたより大切なことがある」ととらえられ、相手の気分を害することもあるからです。断るときは率直に、**「その日は都合が悪いので行けません」**と言うのが一番です。

また、断るときに、間違っても「病院に行く」などと嘘《うそ》をつかないことです。

実際、嘘をついて仕事を休んだ日にディズニーランドで遊んでいたら関係者と出くわして、またたくまに会社に噂《うわさ》が広がって信用を失ったと嘆いていた人もいます。よけいなひと言で墓穴を掘ることもあるのです。

断り文句は「シンプル」かつ「ストレート」に。

IIKAE 22 ZUKAN

× よけいなひと言

私には無理です

←

◎ 好かれるひと言

私にはまだそのスキルがないのでできません

「無理」とできないアピールをするのは“かまってちゃん”

「私には無理です」という断り方をする人には、2つのタイプがあります。ひとつは、本当にできない仕事で会社に迷惑をかけたくないために、「無理です」と言う**〝気遣い〟タイプ**。もうひとつは、「無理です」「私にはできないです」とアピールすることで相手の気を引いて、「大丈夫だよ」「そんなことないよ」と言ってほしい**〝かまってちゃん〟タイプ**。無意識のうちに、かまってちゃんになっている人は、けっこう多いのです。

前者の場合、「私にはまだそのスキルがないのでできません」と、自分ができない仕事内容を「具体的」に伝えると、相手も納得するでしょう。さらに、できないことをできるようにするための「アドバイス」をもらうこともできるでしょう。

一方、後者の場合は、面倒なタイプだと思われて、嫌がられる可能性があります。〝かまってちゃん〟には必要以上に近づかないほうがいいと判断して、境界線を引く人もいます。「私には無理ですよ〜」と周りの人に〝かまってアピール〟をすればするほど、潮が引くように周りの人は遠ざかっていくものです。

「そんなの、無理、無理」と軽いノリで使われることもありますが、「無理」とバッサリ断られると腹を立てる人や傷つく人も。むやみやたらに「無理」という言葉は使わずに、**「できない理由」を伝えたうえで断る**と角が立ちません。

IIKAE 23 ZUKAN

× よけいなひと言

そのつもりはなかったので

←

◎ 好かれるひと言

そういう認識はしていませんでした

自分と他人の「つもり」が
ピッタリ重なることはないと思ったほうがいい

「その仕事は自分の担当じゃないと思っていた」「それはやらなくてもいいつもりでいたので」という言い訳を、みなさんも一度はしたことがあるのではないでしょうか。

誰でも「自分の非」を認めるのはイヤなもの。だから何かのせいにしたい、知らなかった自分は悪くない、という思いから出てくる言い訳なのですが、言われたほうは責任転嫁にしか聞こえません。

こういう場合は、「そういう認識はしていませんでした」と状況を伝えましょう。そして同じ失敗をくり返さないために、**「今後はどのように確認すればいいでしょうか？」**と聞いてください。**「今後の対応策の相談」は必須**です。

そもそも、自分と相手はまったく違う人間です。どこまで何をやるべきかを確認せずに、お互いの「つもり」がピッタリ噛《か》み合うわけがありません。その違いを自覚せずに、あいまいなコミュニケーションのまま仕事を進めていると、同じような行き違いはまた起こります。

肝心なのは、自分の「つもり」が間違っていないかどうか「確認」して、「認識」するところまで落とし込むことです。「この仕事はここまでやればいいだろう」「これはやらなくていいだろう」と自己判断で決めつけずに、「本当にこれでいいのか？」と**確認する手間を惜しまないこと**。言った・言わないは、人間関係に大きなヒビを入れますので慎重に。

IIKAE 24 ZUKAN

× よけいなひと言

それはやっていないので

←

◎ 好かれるひと言

別のやり方でもいいでしょうか？

「できない」「やらない」と一方的に断らずに
折り合いをつける

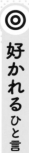

メール、SNS、チャットなどのコミュニケーションツールが多様化するなか、そのようなツールを「使いこなせる人」と「そうでない人」の差が広がりつつあります。

たとえば、あるグループがラインやフェイスブックでグループをつくる場合。アプリを使っていないメンバーから「それはやっていないので」「使ったことがないのでできません」などと言われたらどうでしょう？　一方的な断りの文句は、自分たちのことも否定されているようで、いい気持ちはしませんよね。特に仕事では、やる気がないととらえられてしまうことも。

もちろん、何をどう使うかは個人の自由。アプリを使わないことが悪いわけではありませんし、そのことを批判したり否定したりすることもできません。ただ、「できません」「やりません」と一方的に言うだけでは、関係性がこじれてしまいます。

こういう場合は、**「別のやり方でもいいでしょうか？」「使い方がわからないので教えてください」**と代案を出したりアドバイスを求めてみたりすることです。お互いが歩み寄り、折り合いをつける方向で話し合えば、着地点が見えてくることが多いのです。

わからないことやできないことを教えてもらって、誰かに負担をかけてしまう場合は、必ず**「お詫び」**をしたうえで**「感謝の言葉」**を伝えることも忘れずに。新しいことに挑戦する「前向きな姿勢」が、好印象につながっていくのです。

IIKAE 25 ZUKAN

× よけいなひと言

断ってもいいですか？

←

◎ 好かれるひと言

こういう理由でお断りしたいです

聞き返して結論を相手にゆだねるのはズルい話し方

「これ、やっておいてくれる？」と頼まれたことを断りたいとき、ストレートに「お断りします」と言うのは気が引けるので、「断ってもいいですか？」と相手に聞き返す人がいます。

これは、結論を相手にゆだねることで自分の意思を遠回しに伝える、「自己防衛」のずるい対応です。

似たような返事に、**「できないって言ってもいいですか？」「やらなくていいですか？」**といった言い方もあります。でも、頼んだほうはやってほしいわけですから、返事に困ってしまいます。

依頼を質問で返されると、少なからず動揺します。なぜなら、「私の状況をわかっているの？」と相手に「察しろ」と要求する意味合いを含んでいるからです。相手からの依頼に対して質問形式で断りをにおわすのは失礼ですし、また、相手を不快にもさせてしまいます。こういう言い方がクセになっている人は、これから使わないように気をつけて。

断わりたいときは、**「いま別件の締め切りが近いので、お断りさせてください」**というようにシンプルに断る意思を伝えましょう。頼んだほうも「それなら仕方がないか」と納得できます。

きちんと自分の意思表示をすることが、信頼につながっていくのです。

× よけいなひと言

私、それダメだから

←

◎ 好かれるひと言

それ苦手だから、ほかのものだとありがたいな

一方的な「ダメ」よりプラスの言いかえで協調性をアピール

友だちや会社の仲間と食事に行ったり、旅行に行ったりするとき、「私、辛いのはダメだから」「オレ、飛行機はダメだから」と、自分が苦手または不得意なものを**〝完全否定〟**したことはないでしょうか？　「ダメなものは早く伝えておいたほうが、後で迷惑をかけないから」と思って言う場合もあるかもしれません。しかし言われたほうは、「せっかく楽しい気分になっていたのに、わがままな人がいるとテンション下がるわ」と思うでしょう。

また、「ダメ」という言葉は、1ミリも譲歩の余地がないと思わせる〝強い圧力〟を感じさせます。そのため、協調性がない自己中心的な人だと思われてしまうことも。

もし同じことを伝えたいのであれば、**「スパイスが苦手なので、辛くない料理だと助かるな」**とか、「申し訳ないけれど飛行機が苦手だから、現地で待ち合わせできるとありがたいです」というふうに、謙虚な姿勢で**プラスのニュアンス**に言いかえましょう。

ポイントは、自分がどんなにダメだと思っていることでも、一方的に相手を否定したり拒否したりしないこと。食べ物にアレルギーがある場合などは、行動をともにする人にはっきりと伝えるべきですが、趣味嗜好《しこう》や生活習慣は人それぞれ。自分の好き嫌いや価値観の押しつけは人間関係の悪化につながりますから、言い方には細心の注意を払いましょう。

「ダメ」「イヤ」と切り捨てて言うのは、あなたが損ですよ。

第4章 気遣い

価値観や考え方は人それぞれ。よかれと思ってしたことでも、必ずしも相手が同じように感じているとは限りません。過剰で余計な気遣いをしてしまう人が少なくないのです。

たとえば、相手が断っているのに玄関先までお見送りして、帰る車が見えなくなるまで門のところで手を振る人。あるいは、研修や講演会の時間より早く到着した登壇者の控え室に入ってきて、一人で待たせるのは申し訳ないからと無理に話し相手になる主催者側の人。個人的な趣味嗜好に偏ったお土産を買ってきて、後でしつこく感想を聞く同僚や友人。いずれも好意的な配慮ゆえの行動ですが、「玄関まで見送りされると化粧室に寄りたくても寄れない」「話しかけられると直前のチェックができずひと息つけない」「お土産でもらった化粧品の匂いがダメで感想を聞かれて困る」といったことが起こります。

せっかくの気遣いがかえって迷惑になることもあるのです。自分の自己満足のためではなく、本当に相手がよろこんでくれる気遣いができたらいいですね。

おろろ もうっっ
ムキーッ
こんなところ毎日残業じゃないですかーっっ
ぬっ
君だけじゃない
みんなも頑張っているからね…
ポン
やる気0
はあああああ
さーてとラーメン
あなたはよく頑張っているね
あと少しだよ！
女神だ…

27

✕ よけいなひと言

みんなも頑張っているからね

←

◎ 好かれるひと言

あなたはよく頑張っているね

「みんな」って誰？　人は自分のことを認めてほしいもの

自分が頑張っているときに「みんなもやっていることだから」「みんなも頑張っているから」と言われて、がっかりしてしまうことはないでしょうか。**「みんなって？」**と思って、誰がそうしているのか聞いてみたら、言った本人が思っていただけ、というのはよくある話です。「みんな」という言葉は、一般化するのに便利な言葉なので、つい使ってしまうことも多いと思います。しかし、「みんな」を盾に自分の意見を正当化したり、発言を誇張したりする気持ちが見え隠れするので、特に指示や注意をするときには慎重に使ったほうがいいでしょう。「みんな」が正しくて、「あなた」は間違っていると否定されているように感じるからです。

他人と比較したり、自分の主観で決めつけた**「みんなの当たり前」**や**「普通」**を前提に話をしたりすると、相手の気分を害してトラブルになることも。「みんなが普通にやっていることだからあなたもやって」と言われて、「はい、そうですね」とは素直に思えないものです。

カウンセリングの場でも、「みんなはどうしているんですか？　普通はどうするんですか？」と聞かれた場合、「人それぞれです。あなたがどう思っているのか、どうしたいのかが重要なんです」と話します。もし、労《ねぎら》いたい場面ならなおのこと。一般化せずに、**「あなたはよく頑張っているね」「あなたはそう思うんだね」**と個人に対する声かけをするのがベストです。

IIKAE 28 ZUKAN

× よけいなひと言

つまらないものですが

←

◎ 好かれるひと言

気持ちばかりですが

贈り物やお土産を、必要以上に卑下すると
イヤがられることも

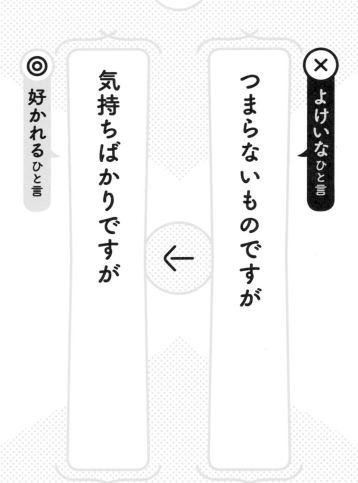

最近は、あまり使わなくなってきた傾向もありますが、取引先や訪問先に贈り物や手土産を渡すときに、**「つまらないものですが」「粗品ですが」「ほんのお口汚しですが」**などと謙遜のつもりで言う人がいます。

しかし今やこの言葉は、相手によっては、「つまらないものなら持ってこないで」「粗品なんていらないよ」と思われて誤解を招くことがあるのです。

だからといって、「よろしければどうぞ」とだけ言うのも、素っ気なくて気が引ける。そう思う場合は、**「気持ちばかりの品ではありますが、召し上がってみてください」「お口に合うかどうかわかりませんが、私が好きなお菓子を買ってきました」**と言うほうがベターです。

人気店で買い求めたこだわりの品であれば、「最近、話題になっているおいしいお菓子なので、ぜひみなさんで召し上がっていただきたいと思いまして」と、むしろわざわざ買ってきたことをアピールしたほうが喜ばれます。特別に卑下したり悪く言ったりする必要は、まったくないのです。

繰り返しますが、コミュニケーションの基本は、**ネガティブな言葉を使わないこと**。謙遜や謙虚な気持ちを重んじる、日本人の控え目な態度が求められる場面もあります。けれども、度が過ぎるとかえって相手を不快にさせることになるので注意してください。

IIKAE 29 ZUKAN

×よけいなひと言

何でも聞いて

←

◎好かれるひと言

○○でわからないことがあれば聞いてください

「何でも」は、何を聞いていいのかわからなくなる

「何でも」というのは、あらゆる場面でよく使われている、便利な言葉です。相手を気遣うときも、**「何でも聞いて」「何でも手伝うから」**と言うと、何でも人の役に立とうとしている〝いい人〟のように見えます。

でも、「何でも」と言われると「何も」言えなくなる人もいます。逆に、「そんなことまで？」と思うような、どうでもいいことまで聞く人もいます。お互い共有している物事があって、ある程度わかり合えていなければ、「何でも」の幅が広すぎて、何を聞けばいいのかわからなくなるんですね。

質問や疑問は、自分がわかっていることからしか生まれません。何もわかっていない人に「何でも聞いて」と言うのは**放ったらかしている**ようで、逆に疎外感を与えてしまうことも。

新入社員に「何でも聞いて」と声をかけたけれど、何も言ってこないから順調に仕事をしていると思ったら、何も手をつけていなかった、というケースもよく聞きます。

この場合、**「この資料の件でわからないことがあれば、何でも聞いてください」**と言えば相手も聞きやすくなります。「何かあれば連絡ください」も同じで、お互いの共通事項について言うなら問題ありません。しかし、社交辞令のように漠然と言うだけなら、「何かって何？」と戸惑う人もいるのです。

×よけいなひと言

これやっといて。
あなたならできるよ

←

◎好かれるひと言

あなたに任せたい。でもわからない
ことは遠慮なく聞いてね

「あなたならできる」だけだと押しつけに聞こえることも

相手を気遣って、尊重したり立てたりしているつもりでも、逆に不機嫌にさせてしまうことがあります。「あなたならできるよ」「○○さんならできる」という言い方もそのひとつ。

「できる」と思うことをお互いが共有していて、励ましのつもりで言うのであればいいのです。けれども、何がどこまでできるかわからない人に、**「これやっといて。○○さんならできるよ」**と適当なことを言ってしまうと、ただ押しつけられているように感じます。それがたび重なると、相手が不信感を募らせることも。

そのようなマイナスのニュアンスを軽減するためには、「あなたにお任せしたい。でもわからないことは遠慮なく言ってね」というように、**ひと言〝フォローの言葉〟をつけ足す**といいでしょう。それだけで受け取り方がまったく変わります。

要注意なのは、「これができません」「これはやったことがありません」と相手から相談を持ちかけられたときに、**「大丈夫だよ。きみならできるよ」**と取り合わないケースです。この場合、「仕事を教えてもらえなかった」と苦情を訴えられる可能性も。気遣いのつもりで言った言葉が、苦情につながるのは本末転倒です。

誤解を生まないためには、「できるよ」とひと言だけで済ませないこと。そして必ず、そう思う「根拠」となる言葉をそえて、フォローしてください。

×よけいなひと言

それはガッカリですね

←

◎好かれるひと言

そんなことがあったんですね

相手をネガティブな気持ちにする言葉は使わない

人から、「こんなイヤなことがあったの」「結果が出なくて大変な目にあったよ」といったネガティブな話を聞かされたとき、**「それは最悪ですね」「ガッカリですね」**と、つい思ったままを口に出してしまうことはないでしょうか？

言ったほうに悪気はなくても、当事者からすると、たったひと言のマイナス言葉でまとめられたら他人事に思われているようにしか聞こえません。気遣いのつもりで言ったひと言が、かえって傷口に塩を塗るようなことになって、人間関係が悪化することもあるのです。ですから、ネガティブな話題のときほど、慎重に言葉を選ぶ必要があります。

とっさのひと言を口にするとき、迷わずに済む言いかえの基本は、**「相手が言ったことをそのままキャッチすること」**です。「○○なことがあったんですね」「思ったような結果が出なかったんですね」と、相手の状況や気持ちを、言葉をかえずに返せばいいのです。これはカウンセリングの場においても常に心がけていることです。

本人自身が、「残念だったよ」「ガッカリしたわ」とマイナス言葉で話した場合は、同じ言葉を使っても問題ないでしょう。しかし間違っても、相手が言ったこと以上にネガティブな言葉を使わないこと。そのちょっとした気遣いができるかどうかが、「この人ともっと話したい」と思われるか、「これ以上もう話したくない」と思われるかの差になるのです。

× よけいなひと言

ご存じないと思いますが

←

◎ 好かれるひと言

ご存じかもしれませんが

「あなたは知らないはず」と見下している態度が見え見え

ちょっとした内緒話や、まだ「一部の人」しか知らない話をするとき、どんな言い方が適切でしょうか？

「ご存じないと思いますが、こんな話があるんですよ」**「知らないかもしれませんが、**あの件はこういうことなんですよ」と、よけいなひと言をつけて話し始めたことがある人もいるかもしれません。言った本人に悪気がなくても、「まだ知られていない話を教えてあげる」という特別感を伝えたい、というニュアンスで使うこともあるかもしれません。

しかしこれは、「これから話すことはあなたは知らないこと。でも私は情報通だから知っている」という態度が見え見えで、相手を上から目線で見下している、失礼な言葉なのです。

ですから、仮に相手が100パーセント知らない話でも、「知らないですよね？」と強調するのではなく、**「ご存じかもしれませんが」**と**相手を立てて言う**ほうがいいのです。

また、その話を聞いた相手が「そんな話、知りませんでした！」と驚いた場合に、「ご存じなかったんですか？」とバカにするのもタブー。

自分が少しでも優位に立てる立場にあると、ちょっとした言葉の端々に相手を見下す気持ちが表れやすいもの。そのため、自分が優位なときほど、謙虚な姿勢で会話をするように心がけることが大切なのです。「上から目線」のよけいなひと言は、禁物ですよ。

×よけいなひと言

私のことは気にしないでください

←

◎好かれるひと言

みなさんの意向に合わせます

「私のことはいいから」は、自分をアピールしているのと同じ仕事でもプライベートでも、複数人で何かを決めることはよくあります。その場合、「私のことは気にしないでみなさんで決めてください」と、遠慮や謙遜のつもりで口にしたことはないでしょうか。これは、**「私のことはいいから」**とあえて言うことで、自分の存在をアピールしているのと同じなのです。もっと言えばこのように「私」を主張するのは、「私のことをないがしろにしたら許さないぞ！」という気持ちの裏返しでもあるんですね。

実際、こういう人の意見を聞かずに決めたことを報告すると、「なんでそういう話になったんですか？　私は反対です」と手のひらを返す人もいます。中には、「口ではいいと言ったけれど、私に確認もせずに勝手に決めたことに賛成するわけにはいかない」と意地悪なことを言いだして、不満や文句を言う人もいるのです。

そんなつもりは一切なく、本当に決定権を他の人に委ねたいときは、**「みなさんで決めたことに従います」「〇〇さんのほうで決めてもらって問題ありません」**と、決定事項に応じる意思表示まですることです。もし希望があれば、**「〇〇以外だったらできます」**と事前に希望を伝えましょう。そこまで明確な意思表示があれば、周りも話を進めることができます。

また、決まったことの報告を受けたら、**「承知しました。話し合いありがとうございました」**と御礼《おれい》を言うのも礼儀ですので、お忘れなく。そのひと言が、好印象につながります。

✕ よけいなひと言

○○よりマシじゃない

←

◎ 好かれるひと言

よく頑張ったね

他人や自分と比較するのは、「気遣い」ではなく「気休め」

たとえば、なかなか異動希望が通らず不満を抱えている人がいるとします。その人に対して同僚が、「異動希望も出せないアルバイトよりマシじゃない」と励ましの言葉をかけたら、相手はどんな気持ちがするでしょうか？

あるいは、子どもがサッカーの試合で負けたときに、「〇〇のチームよりはマシだよ」と他のチームと比較してなだめているつもりの親。誰かと優劣を比較し、「あなたはまだマシ」という言い方は、気遣いでもなんでもありません。むしろ、相手をモヤモヤさせたりイラッとさせたりする、表面的なぐさめです。そもそも**「比べる」ことが間違い**です。

コミュニケーションが上手な人は**「否定せず、解釈せず、比較せず」**。これをきちんと守っています。しかし、「〇〇よりマシ」という言い方には、解釈と比較の２つの意味が含まれますから完全にアウト。

相手のことを励ましたいなら、自分の気持ちを伝えるか本人自身の比較にしましょう。たとえば、異動希望が通らない同僚に対しては**「早く希望がかなうといいね」**。サッカーをしている子どもには**「この前の試合より〇〇がよかったよ。頑張ったよね」**といった言いかえです。

病気やケガをしたり、悪いことがあったりしたときも、「こういう状態で済んでまだよかったよ」と本人が言うのであればＯＫ。決して他人が言うことではありません。

× よけいなひと言

具合が悪そうだから、病院で診てもらって

←

◎ 好かれるひと言

今月◯回目の遅刻で業務に支障をきたすので、病院で受診してください

心身の不調を気遣ったつもりがトラブルを招くことも

部下や同僚が疲れているように感じて心配になったとき、**「どこか悪いんじゃないの、大丈夫?」「体調悪そうだから、病院に行ったほうがいいんじゃない?」**などと、気遣いのつもりで言う人は少なくありません。

ところがこの声かけが、「何も不調はないのに病気にさせられた」「よけいな心配をされて本当に体調が悪くなった」という理由でトラブルを招くケースがあります。相手のことを心配して言ったこのようなひと言を、ハラスメントとして受けとめる人もいるのです。

中には、「病人扱いしないで」「よけいなお世話です」とクレームをつける**〝モンスター社員〟**もいるので、個人的なことに踏み込んだひと言は、軽々しく言わないこと。

ただ、どう見ても体調が悪そうで遅刻や欠勤が多い場合など、業務にも支障をきたすような状況は別です。「今月〇回目の遅刻で業務に支障をきたすので、病院で受診してください」と事例性をもとに事実を伝えましょう。「あなたの体調が悪いこと」ではなく、**「業務に支障をきたしていること」にフォーカスする**のです。あくまでも業務遂行管理、というスタンスが大切です。そうすれば言われたほうも、遅刻をして迷惑をかけているのは自分だという自覚を持って、しかるべき対処をする必要があると判断できます。

特に、心の不調がある人は、ちょっとした言葉に傷つきやすいので細心の注意を。

第5章 ほめ方

人はほめられれば、やはりうれしいものです。自分のことをほめてくれる人に対しては、好感を抱きやすいのも事実。ただ、ほめ言葉というと、「さすが、上手だね、すごいね、センスいいね、その通り」といった基本の「さしすせそ」を思い浮かべる方が多いのですが、ビジネスシーンでそれらを頻繁に口にすると、嘘っぽく、白々しく聞こえることがあります。

やる気を引き出したいなら「結果」だけでなく「プロセス」も評価して、どこがどうよかったのか具体的に言葉にしなければ伝わりません。たとえば、依頼した書類の出来映えをほめるとき、「データがわかりやすくて助かったよ」などと、何をどう評価して、どう役立ったのかまで伝えると、相手の次の行動へのモチベーションも高まるでしょう。

さらに、相手の努力や成果に対して、「感謝の気持ち」も一緒に伝えると効果的です。「自分は必要とされている」「認められている」と実感させることができれば、積極性にもつながります。相手がうれしくなり、やる気もアップする「ほめ方」ができるといいですね。

この前のプレゼン通りました！
今、電話がありました!!
お〜!!
資料もとても見やすくまとめられていたよ
遅くまで頑張ったもんね
ありがとう
プレゼンの時の説明もすごく分かりやすかった!!
ホント、見直したよ〜
ハッハッハッ
ありがとうございますっ
スゲーっす
いや〜さすがっす！
なんだろう…
全然ほめられた気がしない
さっすが〜
見直したわ〜

IIKAE 36 ZUKAN

× よけいなひと言

さすがだね

◎ 好かれるひと言

○○がよかった、さすがだね

「さすが」だけだと御世辞やご機嫌取りのように思われる

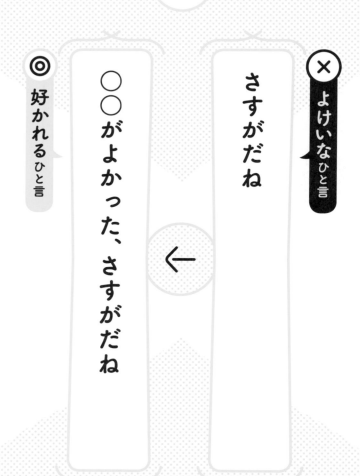

「すごい」「さすが」は、ほめ言葉の決まり文句。ただ、何度も言われると御世辞やご機嫌取りのようにしらじらしく聞こえたり、失礼にあたったりすることもあるので注意が必要です。

そもそも、**「すごい」「さすが」**というのは**〝上から目線〟**で、相手の行いを評価している言葉です。「あなたによくそういうことができましたね。たいしたものです」というニュアンスがあるので、目上の人に対して使うと失礼になるのです。社員が社長に向かって、「今年の業績はさすがですね」とは言いませんよね。

自分より下の立場の人に対して言う場合も、**「今の説明はとてもよく理解できたよ。さすがだね」「あの会議をスムーズに進行できたなんて、すごいね」**というように、何が「さすが」で何が「すごい」のか**〝具体的な理由〟**をつけ加えなければ**逆効果**になります。

また、漠然とした評価だけをしていると、評価を目的に働くようになるため、評価してくれる上司がいなくなったら部下は働かなくなる、なんていうことも起こります。

また、「さすが、やればできるんだね」「そんなにすごいとは思わなかった」など、ほめているのか、からかっているのかわからない言い方も、相手をモヤモヤさせるだけ。

このように、ほめ方も慎重に言葉を選ぶ必要があるので、「すごい」「さすが」が万能だと思って安易に使わないようにしましょう。

IIKAE 37 ZUKAN

×よけいなひと言

見直したよ

←

◎好かれるひと言

この業務を任せられるようになってうれしい

上から目線の「見直したよ」は使い方を間違うと反感を買うことも

「見直す」は、ほめ言葉のつもりで使っている方が多い言葉です。けれどもこの言葉には、もともと評価がよくなかった人に対して認識を改めた、という意味があります。

つまり、今まではあなたのことをマイナス評価していたけれども、ある出来事がきっかけでプラスに変わりましたよ、と言っているわけですから、ほめ言葉としては適切ではありません。むしろ、かなり〝上から目線〟の言葉なんですね。

もちろん、上下関係がはっきりしていて、部下が苦手だったことやできなかったことを克服して成果を出したときなど、使ってもいい場合もあります。そのときに忘れてならないのは、見直した**「理由」**や、見直したことで自分がどう思ったのか**「気持ち」**を伝えること。

たとえば、**「こんなに難しい仕事ができるようになったんだね。見直したよ」「入社当時はどうなることかと心配していたけど、ここまで成長してくれてうれしい。見直したよ」**というように、気持ちと理由を伝えたうえで言うのであれば、受け取るほうの印象も変わります。

反対に、ただ「見直したよ」とだけ言われるとバカにされているように感じる人や、「えらそうに」と反感を覚える人も。

ですから、この「見直す」という言葉は、頑張った部下の成果や功績を本当に認めて、称《たた》えたいと思ったときにだけ慎重に使うことを心がけてください。

IIKAE 38 ZUKAN

× よけいなひと言

若いのにしっかりしてるね

←

◎ 好かれるひと言

しっかりしてるね

年齢や性別に関する言葉はレッドカード

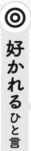

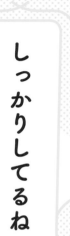

たとえほめ言葉でも、**「年齢」に関する発言は差別**になります。

「若いのにしっかりしてるね」という言葉も分解すると、「若いから経験も知識もなくて仕事ができないはずなのに、意外としっかりしてるね」という意味。明らかな嫌がらせで、エイジハラスメントになるのです。「女性なのによく頑張ってるね」「子どもがいるのに遅くまで仕事してるんだね」というのも同様です。

前者は「女性は根性がなくて頼りないもの」、後者は「子どもがいる親は遅くまで働かないもの」という思い込みによって出てくる、レッドカードの言葉。サッカーなら即退場です。

このように、相手の属性に対する一方的な価値観を押しつける発言をして、言われた人が深く傷ついたり不快な思いをすれば、セクハラ、パワハラで訴えられる可能性もあります。

この場合の言いかえは、**年齢に関する言葉を一切口にしないこと**。相手が若くても子どもでも、**ただ「しっかりしてるね」だけでいい**のです。

逆のパターンで、若者が高齢者に対して、「70代なのに、そんなにパソコンを使いこなせるなんてすごいですね」と言うのも同じです。「年寄りをバカにするな」と思われるのがオチでしょう。けれども、「そんなにパソコンを使いこなしてすごいですね」とだけ言えば、相手も「すごいでしょ」と素直によろこべるのです。

IIKAE 39 ZUKAN

× よけいなひと言

それでいいんじゃない

←

◎ 好かれるひと言

とてもいいと思うよ

「投げやりな言葉」はマイナスに受け取られやすい

「それでいいんじゃない」と「いいですね」は、一見、同じように思われるかもしれません。ところが、言われてみるとまったく感じ方が異なるのです。

「それでいいんじゃない」には、「まあその程度でもいいと思うけど」という投げやりなニュアンスがあります。もっといじわるな意味で、「あなたがやるならそんなもんだよね？」というマイナス言葉として受け取る人もいます。一方、「いいですね」は純粋にそのことを「よい」と思っているストレートな言葉なので、誤解や反感を招くことはありません。

中には、「いいんじゃないでしょうか？」と疑問形で返す人もいますが、受け取るほうは悪い意味にとらえがちです。この場合、「悪くはないけどいいとも断定できないので、判断はあなたに任せます」、あるいは「そこそこの及第点でしょうね」と言われているようで、どちらかというと悪い評価として受け取ってしまいがちだからです。

ですから、**本当に良いと思った気持ちを伝える場合は、よけいな言葉は足さない**こと。「**いいね**」「**すごくいいと思うよ**」と率直かつシンプルな言葉で伝えるようにしてください。

もしも気になる点があるなら、「いいと思うよ。ここを変えるともっとよくなるね」というように、「プラスのほめ言葉」の後に「改善点」を伝えるといいでしょう。そうすると、言われたほうも素直に耳を傾けてくれるものです。

IIKAE 40 ZUKAN

×よけいなひと言

資料の作成は上手だね

←

◎好かれるひと言

資料の作成も上手だね

一文字でも大違い！　「も」が「は」に変わると嫌みになる

30ページでも説明した「今日はかわいいね」と「今日もかわいいね」の話と同じように、**「は」と「も」が入れ替わるだけで言葉のニュアンスは正反対**になります。ほめ言葉でも、うっかり口にして墓穴を掘ってしまいがちなのが、「○○は上手だね」「○○はできるんだね」というように**「○○は」**を強調する言い方です。

こう言われると、「○○は上手っていうことは、他はダメっていうこと？」と、マイナスの意味のほうに敏感に反応してしまうのです。女子トークの場でこのようなマウンティングをされると、「○○〝は〟じゃなくて、○○〝も〟でしょ？」と軽く言い返せる人もいます。しかし、誰もがそうできるわけではありません。

また、相手が仕事関係者だと、あえて言い返すこともしないと思います。言われっぱなしで終わりモヤモヤが残って不快に感じてしまうことを避けるためにも、相手をほめる場合は、助詞に気を付けることが必要です。たとえば、「この資料は特に上手に作れましたね」というように、「は」であっても「特に」を足すと、「いつも上手」というニュアンスもプラスされます。

ほめているつもりでも、ちょっとしたひと言がトゲになることがあります。**自分が言われたらどう感じるかイメージ**してから、相手に伝えることができるといいですね。

IIKAE 41 ZUKAN

× よけいなひと言

要領がいいね

←

◎ 好かれるひと言

仕事が早いね

「要領がいい」は嫉妬の裏返しであることも。
マイナスの意味だと思われやすい

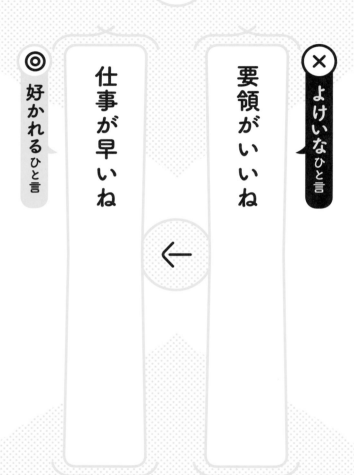

ほめ言葉のつもりで、「要領がいい」と言うのはとても危険なこと。なぜならこの言葉は、「処理の仕方が上手い」といった手際のよさを意味する一方で、「巧みに立ち回って人に取り入るのが上手い」といったネガティブな意味もあるからです。

言われたほうは、後者のマイナスの意味として受け取りやすいので、「どうせ要領がいいだけでしょ」とマウンティングされているように感じます。それでもあえて相手に「要領のよさ」を伝えたいのは、嫉妬心がある証拠。言われたほうはあなたのことを、面倒で嫌みな性格だと思って距離を置くようになるかもしれません。

人間関係をこじらせたくないなら、言い方を変えることです。たとえば仕事の早さをほめる場合は、**「仕事が早いね！」**とストレートに言えばいいのです。いくつもの仕事を段取りよく進めているなら、「段取りが上手だね」「テキパキしているね」「大変な仕事をスムーズに進めているね」と**〝具体的な行動〟をほめてください**。

ただひとつだけ意識してほしいのは「表情」。ほめ言葉は嫉妬の裏返しになりやすいので、言い方を間違えると悪い印象を与えます。口でほめていても目が笑っていない人っていますよね。表情が冷たいと、ほめ言葉も口先だけに聞こえて本心ではないと思われますので、笑顔を忘れないようにしてください。

IIKAE 42 ZUKAN

よけいなひと言

× やればできるじゃないか

←

好かれるひと言

◎ 土壇場に強いね。おかげで助かったよ

「普段はできないくせに」という思いが
露呈する前置きはナシで

意外なところで実力を発揮する部下に対して、ほめるつもりで、「やればできるじゃないか」「追い詰められると力を発揮するんだね」という言い方をする人がいます。

これは、「普段はたいしたことないのに、切羽詰まるとやることはやるんだ。だったらいつも本気出してよ」と、ネガティブなニュアンスに受け取られやすいので気をつけて。相手によっては、実力を過小評価されていると落ち込む原因にもなります。

素直にほめたい場合は、「土壇場であなたが頑張ってくれたおかげで、助かったよ」というように、感謝の気持ちをストレートに伝えましょう。**「助かったよ」「ありがとう」と自分の気持ちもプラス**することで真意が伝わります。

似たような言葉に、「逆境に強いね」「打たれ強いね」という言い方もあります。いずれも言い方によっては、「こんな状況でよくできるね」「よく平気だね」という嫌みにも聞こえてしまいます。

ほめ言葉は、**ほめたいことだけをシンプルに**。そして、必ず相手がしたことに対する「自分の気持ち」も一緒に伝えること。

この2つを守れば、「そんなつもりじゃなかった！」と後悔するような事態は、きっと防げるはずです。

IIKAE 43 ZUKAN

よけいなひと言

感心しました

←

好かれるひと言

感銘を受けました

目上の人に「感心しました」と言うと
「あなた、何様？」と思われる

「感心」には、2つの使い方があります。ひとつは、「りっぱな行為やすぐれた技量に心を動かされる。心に深く感じ入る」と感動を表す意味。もうひとつは、「そのやり方には感心しない。あの人は自己中心的で感心できない」と人を批判するときに使う意味。

いずれにしても、人がやったことについて良いか悪いかを「評価」している言葉ですから、目上の人には失礼にあたります。でも、部下や後輩に使うのは問題ありません。

たとえば会社のイベントで想定外のトラブルが起きたとき、機転の利いた対応をした部下に、「○○さんの素晴らしい判断力と行動力には感心した」「非常に説得力あるプレゼンテーションに感心したよ」と言うのはかまいません。大人が子どもに「おりこうさんで感心ね」と言ったり、飼っている犬に「ちゃんとお座りできて感心ね」と言ったりするのも自然ですよね。でも、学生が先生に「わかりやすい授業で感心しました」と言ったら、「お前は何様だ?」と思われてしまいます。

同じような気持ちを目上の人に伝えたい場合は、**「先輩のお話に感動しました」「先生のお考えに感銘を受けました」**というように言いかえてください。

さらに、相手が社長や取引先の役員など尊重すべき立場の人の場合は、**「敬服いたしました」「感服いたしました」**と、より丁寧に言うほうが適切です。

× よけいなひと言

運がよかったね

◎ 好かれるひと言

運も実力のうちだからね

←

「運がよかったね」は、
「あなたの実力じゃない」と言われているのと同じ

たまたまタイミングよく、よい出来事があったり、「棚からぼた餅」のように本人の実力とは関係なく物事がうまくいったりしたとき、その理由を「運がよかったおかげ」だと思うのはよくあることです。ただ、その思いをそのまま口に出してしまうと、言われたほうは「自分の実力を認めてもらっていないのだ」と受け取ってしまいます。

実際に運がよかったとしても、結果につなげたのは本人ですから、「今回の件はラッキーだったよね」だけで済ませられたらムカッとするもの。「たまたまうまくいったけど、きみの実力じゃないよね」と暗に言われているのと同じだからです。

この場合、**「運も実力のうちだからね」**と言うと、角が立ちません。

「競合が手を引いたのは、きみのプレゼンが素晴らしかったので、勝ち目がないと思ったからかもね」というように、**本人をほめる理由**を言うのです。そうすると言われたほうも、「本当に運がよかったですよね」と素直に受け入れられます。

たとえば、大学に補欠で入学し、後日くりあげ合格の通知が友人だけに届いたときに、「運がよかったね」では、悔しいでしょうが負け惜しみにしか聞こえません。**「努力が実を結んだね」**と言えたら素敵ですよね。

身近な人によいことが起こったときに、心から称えて、応援できる人になりたいですね。

第6章 返事

人間関係がうまくいく人は必ずと言っていいほど、「自分の都合」だけでなく、「相手の都合」や「気持ち」も考慮したうえでやりとりすることを心がけています。特に返事の仕方には、そのときの感情が無意識に出やすいもの。イライラしていたり、不満があったりするときの返事は、言葉や態度、表情にそのまま表れやすいので、トラブルを招くことがあります。

だからといって、終始笑顔で愛想よく返事をして、相手が言うことを全部受け入れる必要はありません。ただ、返事の基本として気をつけたいのは、自分の感情に流されずに、ニュートラルな対応を心がけること。自分の気持ちや意見など言いたいことがあれば、相手の意向を受けとめてから伝えましょう。この順番を間違えて、ネガティブな感情丸出しで先に返事をしてしまうと、「戦闘モード」だと思われる可能性大です。

まずは相手の話をしっかり聞いて、話し合いの受け入れ態勢を整えましょう。そのうえで自分の意見を言えば、相手も冷静に言いたいことを言いやすくなります。

先パイ…取引先とこんなことがあって…
聞いてもらえますか
うん、どうしたの？
その時ああして、こうしようと思って、ですけど、ああなってー、えっと、それから…
わた
わた
要するに何が言いたいの？全っっ然分からない
モヤ～
一番言いたいことは何？
スッ
実は…
うん、うん
そうなんだね
聞き上手!!

IIKAE 45 ZUKAN

× よけいなひと言

要するに何が言いたいの？

←

◎ 好かれるひと言

一番言いたいことは何？

話がわかりにくい人には、イライラする前に要点の確認を仕事の相談や確認をしてきた部下や後輩の話が長くて、イライラすることはありませんか？「今こういうことがあって、こんなことがあってあんなことをして……」と経緯をひとつひとつ説明されて、「要するに何が言いたいの？」「聞きたいことは何？」と、つい冷たい返事をしてしまった経験がある人もいるかもしれません。

しかしこの返事の仕方は相手によって、「仕事の相談を拒否された」「話を聞いてくれなかった」と受け取られてハラスメント扱いされることがあるので、気をつけてください。

共有している情報が少なく、状況把握がすぐにできない場合は、まず**「私にもわかるように説明してください」**と言うといいでしょう。時間がないときは先に、**「10分程度で説明をお願いできますか？」**とこちらの都合も伝えてください。

それでも相手の話がまとまらずに、言いたいことがよくわからないときは、「今の話で一番言いたいことは何ですか？」「一番わからないことは何ですか？」と、要点を聞き返すのです。

カウンセリングの場では、思いついたまま、いろいろな方向に話が広がることが多くあります。そうすると話しているほうも頭が混乱してきて、言いたいことがわからなくなったりします。その場合、**「一番心配なことは何ですか」**と、話した内容に**〝優先順位〟**をつけてもらうこともあります。これはビジネス場面でも使えます。ぜひ参考にしてみてください。

×
よけいなひと言

はいはい

←

◎
好かれるひと言

はい、わかりました

二つ返事は相手に失礼。「はい」は1回

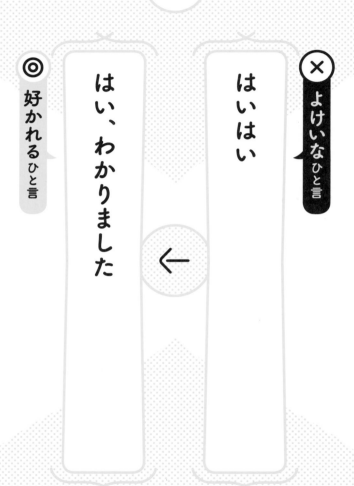

人の話を聞いていて、ちょっと面倒だと感じたときに言いがちなのが、「はい、はい」と、**二つ返事**することです。たとえば、話の内容に興味関心がなく、聞いているフリをしているとき。あるいは、「聞いて、聞いて！」といった感じでいつまでも終わらない、自己顕示欲の強い人の話を早く切り上げたいとき。「はい、はい」と適当に相づちを打つこと、みなさんもありますよね。特に仕切りたがりの人には、この口癖がある人が多い印象です。また、口うるさい親に対して子どもがよく言う言葉でもあります。

いずれにしても、「はい、はい」と投げやりな返事をされた相手は、ちゃんと話を聞いてもらっていないことがわかり、嫌な気持ちになります。「うんうん」も同じで、いったい何回、「うんうんうんうん」言ったら気が済むのだろう、と思うほど口癖になっている人もいます。

カウンセリングのプロの方の中にも、「うんうん頷《うなず》くと、ちゃんと聞いてあげている感じがする」と勘違いして浅く何度も頷く方がいますが、回数が多ければよいということはありません。**深くゆっくり頷いてもらえるほうが、ちゃんと聞いてもらえる感じがする**ものです。

たかが返事、されど返事。**「返事は1回」が鉄則**です。

どんな返事をしても許される親近者なら別ですが、仕事で相手のことを面倒くさがっていることが見え見えの「二つ返事」は厳禁、ということを忘れないようにしましょう。

× よけいなひと言

なるほど

◎ 好かれるひと言

今の話、よくわかりました

「なるほど」を連呼すると他人事のように思われる

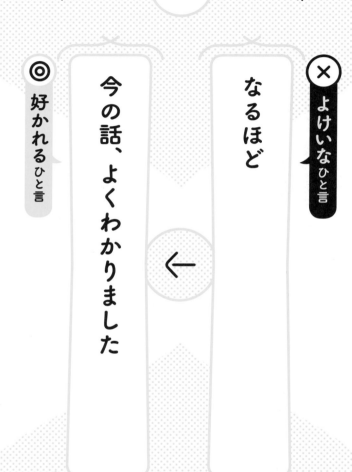

相づち代わりに、「なるほど、なるほど」「なるほどですね」と返事をしているビジネスパーソンをよく目にします。しかし、「便利な返事」として使われているこの言葉は、何度も言うと、上の空で他人事のように聞こえます。

相づちとしてではなく、相手の話を理解したことを伝えたいときは、**「なるほど。素晴らしい成果を出すまでにそれほど大変なご苦労があったんですね」**というように、「何を」理解したのかまで伝えれば問題ないでしょう。理解した内容をひと言でもプラスします。

それでも、相手の話に何でもかんでも、「なるほど」と言ってしまう人の口癖は、なかなか直らないものです。その場合は、「なるほど」ではなく「そうなんですね」と、意識して言いかえる努力をしてみましょう。

似たものに、「そうですか」もありますが、語尾の「ね」が確認を表す意なのに対し、「か」はともすると疑問の意にもとられかねません。関心がなくて、ちゃんと話を聞いてくれていないと思われてしまうこともあります。

会話は**「共感」**が大事ですから、「か」は単独で使わず、「そうなんですか。お子さんのことが心配なんですね」「そうでしたか。今回のプロジェクトでそんなに大変なことがあったんですね」と、相手の伝えたいことをセットにして使います。

IIKAE **48** ZUKAN

× よけいなひと言

知りませんでした

↓

◎ 好かれるひと言

確認不足で申し訳ありませんでした

相手の感情にまき込まれず、
冷静に対応することで、信頼度も高まる

「どうしてやらなかったの？」「なぜまだこの仕事をやってないの？」と責められたとき、みなさんはどう答えるでしょうか？　その要件について知らされていなかった場合、「知りませんでした」「聞いてなかったので」と返事をしてしまうことがあると思います。しかしそれは、「私のせいじゃありません」と**責任転嫁する言い訳**にしか聞こえません。

このシチュエーションの場合、２つのケースが考えられます。ひとつは、本当に知らされていないことを責められて自分に非がないケース。もうひとつは、確認すべきことを怠った自分に非があるケースです。

前者なら、「**その件についてはまだ連絡をいただいていないと思いますので、ご確認いただけますか？**」と、相手が指示や連絡を怠ったことを確認してもらいましょう。このとき、「連絡もらってないですよね？」と相手を責めると、「こっちだって忙しいんだ」と逆ギレする人もいるので、穏やかに丁寧に対処するのがポイント。後者であれば、「**確認不足で申し訳ありませんでした**」と、自分の非を認めてお詫びをすると誠意が伝わります。

いずれにしても、責任逃れは信頼を失うことになるだけ。責任のなすり合いは、ただ見苦しいだけで何の解決にもなりません。相手が悪くても責めることはせずに、自分が悪いときはまず素直に謝ること。すると相手も冷静になり、信頼度も高まります。

IIKAE 49 ZUKAN

× よけいなひと言

検討します

←

◎ 好かれるひと言

検討して来週中にお返事します

「社交辞令」か「本気」なのかわからずトラブルになることも

「検討します」は便利で使いやすいため、ビジネスシーンで頻繁に使われている言葉です。**本来この言葉の意味は、「よく調べて検討する」**ですが、一般的には「考えます」というニュアンスで使われていることが多いのではないでしょうか。

よくあるのは、断り文句の代わりの社交辞令で「検討します」と言うケースと、少し時間をもらって必要な確認をしたうえで返事をしたいときに「検討します」と言うケース。この2つがごっちゃになって、相手に誤解を与えやすいためトラブルになることも多いのです。

トラブルを避けるためには、まず社交辞令としては使わず、**「今は難しいです」「スケジュール的に厳しいです」**と正直にお断りすること。前向きな返事として使いたい場合は、**「上司と検討して来週中にお返事します」**と、期日まで伝えると好印象を与えます。

ただ、その際に注意してほしいのは、**相手に必要以上に期待を持たせないこと**。人間は勝手な生き物で、自分の都合のいいほうにばかり期待を膨らませがちです。そうすると、いざ断られたときにガッカリして失望してしまうのです。

人によっては「断るならもっと早く言ってよ」と腹を立て、「この人が言うことはあてにならない」と関係もギクシャクしてしまいます。そんなリスクを避けるためにも、前向きなのか後ろ向きなのか、こちらの状況をふまえたうえで「検討」するかしないか判断しましょう。

IIKAE 50 ZUKAN

× よけいなひと言

わかるわかる

←

◎ 好かれるひと言

（あなたは）そう思ったんですね

「同感」すると依存関係が生まれて攻撃対象になりやすい

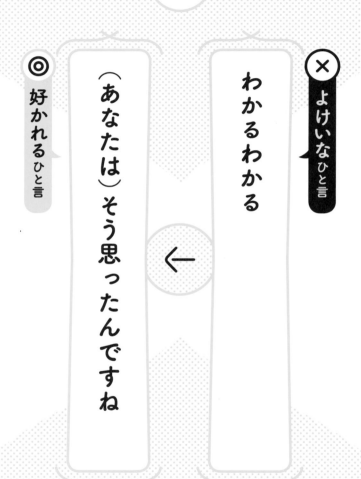

「同感」と「共感」は、似ているようでまったく異なります。「わかるわかる」は同感の表現で、「あなたは私のことをわかってくれるんだ」と相手に思わせて依存心を抱かせる言葉です。それゆえに、依存した相手に対しては、自分の期待通りの反応をしてくれないと裏切られた気持ちになります。意見が少しでも違えば、「なんでわかってくれないの！」と手のひらを返したように攻撃がはじまることも。「依存」と「攻撃」は表裏一体なのです。

ですから、**カウンセリングの場では、基本的に「同感」の言葉を使いません**。たとえ相談者が自分と同じような経験をしていて、手に取るように気持ちがわかると感じた場合でも、同感して「わかるよ」とは言いません。その代わり、**「(〇〇さんは）そう思われたんですね」**と相手の気持ちにフォーカスした〝共感〟を返します。

「わかるわかる」と同感の言葉を頻繁に使っていると、心理的距離が近づいて仲間意識も高まります。これは女子の仲良しグループによくあるケース。しかし同時に、依存相手は攻撃対象に変わりやすいので、何かあると、仲間外れにしたりいじめたりする可能性があります。

家族というものも、もともと依存関係でもあるので、攻撃に転じやすく、度を越すＤＶや虐待に発展してしまうことも。そんな事態を避けるためには、子どもやパートナーにも、「(あなたは）そう思ったんだね」と**〝共感〟で返事をする**ことが大事なのです。

× よけいなひと言

知ってる、知ってる

◎ 好かれるひと言

私も先日知りました

うかつに知ったかぶりすると自分が損をする

自分がすでに知っている話題について相手が話し出すと、「知ってる、知ってる」と口をはさんでくる人がいます。これは、「そんなこと、とっくに知ってるよ」と言われているようでいい気分はしないもの。さらに悪いのは、知ったかぶりをする人です。だんだんと話がかみ合わなくなってくれば、お互いが嫌な思いをします。

もし本当に知っていることでも、**「私も先日知りました。あの話はびっくりしますよね」**といったん相手の話を受けとめると、受け取るほうのニュアンスはガラッと変わります。

また、「知ってる、知ってる」が口癖の人の特徴として、自分が相手より優位に立ちたいマウンティング体質が見られます。人に負けたくないから、「自分も知ってる」と言わないと気が済まないのです。しかし、そのよけいなひと言で自分の首を絞めてしまうのもこのタイプ。なぜなら、**「知りません」と言えない**ために、わからないことを質問できなくなるからです。

講師業をしていると、受講者から「○○についてのご意見を」と質問を受けることがあります。あるとき仲間の講師が、聞いたことのないニュースについて意見を求められ、不勉強によりわからない旨を伝えたところ、実際にそんな事件はなく、「でも、知っていると答える人が意外と多いんですよね」と言われて驚いたと聞き、怖くなりました。立場やそのときの雰囲気に呑《の》まれてしまうこともあるとは思いますが、わざと試す人もいるので要注意です。

IIKAE 52 ZUKAN

×よけいなひと言

心配いらないので

◎好かれるひと言

自分でできると思います

よけいな気遣いにイラッとした返事は、相手をムカッとさせる

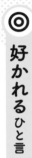

人から頼まれたことについて、「あれ、大丈夫？」「問題なく進んでいる？」と気を遣われると、**「心配いらないです」「ちゃんとやってます」**と返事をすることがあるかもしれません。

でもその言い方は、「口出ししないで」「よけいなお世話」といったニュアンスが感じられてマイナスの印象を与えてしまいます。「せっかく気遣ってあげたのに、その生意気な返事は何だ？」とイラッとする人もいるでしょう。

この場合、本当に何も心配いらない場合は**「お任せください」「予定通り進んでいます」**と言うほうが、相手の気持ちを逆なですることもありません。もし少しでも不安がある場合は、「何か困ったことがあればこちらから相談しますので、そのときはよろしくお願いします」とつけ加えると相手も安心できるでしょう。

一方、気遣いではなく、「あの件はちゃんとやってるの？」「例の件、もうすぐ終わりそう？」と、疑われたり急《せ》かされたりした場合は、「言われなくてもわかってます」「今やっているところなんですよ」と、つい口答えしたくなってしまいますよね。

けれども、特にビジネスの現場ではその気持ちをぐっとこらえて、**「今進めているところです」「あと3日ほどで終わる予定です」**と冷静に返すのがベスト。マイナス感情を表に出すと、さらによけいなやりとりに時間をとられることになるので、さらっと返しましょう。

×よけいなひと言

うそでしょう？

←

◎好かれるひと言

本当ですか？

いきなり疑われるとガッカリしてしまう

びっくりするような話を聞いたときに、「うそでしょ?」といきなり疑うのは、「あなたの言うことは信じられない」と相手を否定していることになります。逆の立場で、自分が話したことを、「うそ?」「うそですよね?」と半信半疑に思われたら、続けて話をする気がなくなりますよね。すぐに信じられない話であれば、**「本当ですか?」と肯定的な聞き方**をすると、「本当なんですよ! それでね……」と話を続けやすくなるものです。

同じようなニュアンスで、「マジっすか?」と若者言葉を使う人がいますが、ビジネスの場で使うのは不適切です。特に相手が目上の人の場合は、「この人は敬語の使い方も知らないのか」と軽薄な印象を与えてしまいます。先輩や上司にタメ口で話すのが無礼であるのと同じで、「マジすか」も職場で安易に口にしないようにしましょう。

似たような返事として、相手の話に驚いたときに、「信じられない!」という言葉もよく使われます。これは話の内容に驚いた気持ちを表す感嘆語ですから、相手のことを否定しているわけではありません。

ただやはり、疑心暗鬼のニュアンスは含まれますので、**「信じられません! そんなことがあったんですね」**と、相手の話を受け入れる言葉もプラスしたほうがベターです。うっかり口にしたひと言で少しでも悪い印象を与えると、結局は自分に返ってくるのでご注意を。

IIKAE 54 ZUKAN

×

よけいなひと言

できたらやります

←

◎

好かれるひと言

できるかどうか確認して連絡します

あいまいな返事ほど相手を困らせるものはない

仕事や用事を頼まれて、すぐにできるかどうかわからないとき、「できたらやります」「可能だったらやります」と**あいまいな返事**をしてしまうことはないでしょうか？　同じことを自分が言われた場合を想像するとわかると思いますが、「イエス」か「ノー」かはっきりわからない返事ほど、対処に困るものはありません。

いったん保留にしたいという意味で、「考えておきます」という人もいます。これはさらに、相手を待たせて迷惑をかける返事の仕方。すぐに返事ができない場合は、**「できるかどうか確認して明日ご連絡します」**と、返事ができる予定の期日を伝えましょう。保留にしたい場合も、**「少しお時間をいただけますか。他の仕事との兼ね合いもあるので来週中にご連絡します」**と保留にしたい期間を相談すれば、相手もそこまで待てるかどうか考えることができます。

さらによくない言い方は、**思わせぶりな返事**をすること。ストレートに断るのは気が引けるからといって、最初からできないとわかっていることや、やる気がないことでも、**「できたらやります」「やれたらやります」**と返すと、相手によけいな期待を抱かせてしまいます。

そのようにあいまいな返事をしておいて、いざできないと伝えると、相手は「そんなことならもっと早く言ってほしかった」と裏切られた気分になります。同時に信頼も失うので、できないことは最初にはっきりと伝えたほうが、相手によけいな迷惑をかけずに済むのです。

IIKAE 55 ZUKAN

× よけいなひと言

そのうちわかるよ

←

◎ 好かれるひと言

はっきりと決まったら話すよ

もったいぶらずに、話せることかどうかをはっきりと伝えて自分が質問したことに対して、「そのうちわかるよ」「今はまだ言えないから」「〇〇さんは知らなくていいよ」と、もったいぶったような返事をされたら、どんな気持ちになるでしょうか？　「自分は知っているけど、あなたには教えられない」と言われているようで、疎外感を覚えてしまいますよね。

実際にまだ話せないことなら、**「ここではまだ話せないんだけど、次の定例会で発表があると思うから」「月末には情報開示できるから、またそのとき改めて話します」**というように、オープンにできる目処《めど》を教えてあげてください。

反対に、限定された人としか共有できない情報であれば、「申し訳ないけれどこれは取引先の内部情報なので、関係者以外の人には話せないんです」と、話せない理由まで伝えれば相手も納得できます。

似たような返事に、「きみにはまだ早いから」「言ってもわからないから」というのもありますが、「あなたに話を聞く資格や能力はない」と言われているようで、さらに傷つきます。

この場合、「今の仕事を終えたあとで話しますね」というように具体的に伝えるようにしてください。今の段階での状況を率直に伝えることで、言われた方も見通しが立つので、気持ちよく納得できます。

IIKAE 56 ZUKAN

× よけいなひと言

別にいいんだけど

←

◎ 好かれるひと言

納得できてません

「別に」のひと言で自分の評価が下がることも

「別に」は、取り立てて関わるほどでもないという、相手に対する〝反発心の表れ〟でもあります。たとえその後に、「いいです」「大丈夫です」と肯定的な言葉を続けても、印象を変えることはできません。さらに、**「けど」**は逆接で使う言葉なので、「別にいいですけど」というように、「別に」と「けど」のダブルで否定することに。つまり、**完全にネガティブな意味**になるのです。

かつて舞台挨拶で「別に」と仏頂面で答えた主演女優が、世間から大バッシングを受けたこともありましたが、それほど相手に反発してバカにしている言葉として受け取られやすく、自分の評価を下げてしまう可能性も。「別に」が口癖になってしまっている人は注意が必要です。

パートナーが「別に」としか言わなくなったら、関係が冷めてきた証拠かもしれません。

たとえば、カウンセリングで相談者が、「そのことはもういいんですけど……」と返事をした場合には、注意が必要です。決して「もういい」のではなく、「いいと思うしかない」と思い込もうとしているというサインでもあるからです。「けど」には、**前の言葉をそうでないと打ち消す圧力**があります。察してもらおうとせず、しっかり自分の気持ちを伝えましょう。

逆に、もし相手がこの言葉を使ったときは、本当の気持ちを聞くチャンス。「けど」の裏には言葉にならない本心が隠れている可能性があるのです。

IIKAE 57 ZUKAN

× よけいなひと言

どうせ無理なので

←

◎ 好かれるひと言

自信はありませんがやってみます

「どうせ」より「やってみます」でプラス思考に

「どうせ」は明らかなネガティブワード。たとえば何か頼まれたときの返事で、**「どうせダメですよ」「どうせやっても無駄だと思いますけど」**と、何でも「どうせ」をつけるのは、マイナス思考の人によく見られる傾向です。

「どうせ」には、あきらめと防衛の気持ちも込められています。自分がやってもどっちみち無理だと思って自信がないことに、あらかじめ予防線を張っているのです。そして実際にできなかったときに、「やっぱりダメだったでしょ？　言ったとおりでしょ？」と言い訳して、他人からの攻撃を避けるための言葉なのです。そのように逃げ道をつくって責任逃れをする人とは、「仕事したくないな」と思われても仕方ありません。

また、「どうせ自分はダメ」と頻繁に言う人の中には、「そんなことないよ」と相手に認めてほしい承認欲求が強い人もいます。これは、「どうせ」と言うことで相手の気を引きたい**〝かまってちゃんタイプ〟**。こういう人への対応は、「何か困ったことがあったら話を聞くよ」という程度におさえて、つかず離れずの距離を保つのが無難なやり方です。

もし本当に自信がない場合は、**「できるようにサポートしてもらえませんか」**とか、**「自信はありませんがやってみます」**と、〝前向き〟な言葉で伝えると、誠実な印象を与えます。意識して使ってみてください。

IIKAE 58 ZUKAN

×よけいなひと言

またですか？

←

◎好かれるひと言

問題点を教えてもらえれば説明します

同じことを繰り返し聞かれるのは、
自分の教え方が悪い可能性も！？

同じようなことを聞かれたとき、つい、**「またですか？」**と言ってしまうことはないでしょうか？　これは明らかに質問を繰り返されることを嫌がって、面倒くさがっていることがわかる言葉です。

以前、派遣社員の方から、「わからないことを質問するといつも上司に『また？』と言われて、何も聞けずに困っています」と相談を受けたことがありました。逆に、ＩＴ業務が苦手で質問攻めしてくる上司に、部下が「またですか？」と返すケースもあります。いずれにしてもその返事は、ハラスメントだと受け取られることがあるので要注意です。

同じようなことを何度も聞かれるのは、前に指示や説明をしたことを理解してもらえていない可能性もあります。その場合、教え方が悪かった自分にも責任があるので、**やるべきことをひとつひとつ具体化して伝える**ことが必要です。

「このくらいのことはわかるだろう」と威圧的な指導をしていると、わからなくても「はい」と答えられてしまうことも。わかりやすく具体的に指導しないと、指導を怠っていると逆にクレームをいれられることもあります。

また、根本的なことが理解されていなければ、同じことの繰り返しになります。何事も最初が肝心ですから面倒がらずに、相手が一番困っていることを確認して丁寧に対応しましょう。

× よけいなひと言

そんなことないですよ

←

◎ 好かれるひと言

ありがとうございます

謙遜し過ぎないほうが好感度大！　自虐や卑下は逆効果

日本には謙遜を美徳と思う文化があるため、人からほめられてもすぐに、「そんなことないですよ」「全然ですよ」と謙遜する人が少なくありません。しかし、謙遜も度を越えると、せっかくほめてくれた相手の気分を害してイラッとさせたり、気を遣わせてしまうことがあります。

たとえば、「大変な仕事をよく頑張ったね」とほめた部下から、**「ありがとうございます。先輩のおかげです」**と言われるのと、**「まだまだ全然ダメですよ」**と言われるのとでは、印象がまったく異なりますよね。後者のように謙遜するのは相手の好意を否定する行為ですし、自虐的に自分を貶《おとし》めるのは、もっと認めてほしい気持ちの表れでもあるからです。

仕事に限らず、たとえば趣味やファッションをほめられたときに「でもこれ、安物だから」と自虐に走る人もいます。受験シーズンに親同士で子どもをほめ合う場面で、「でも、うちの子バカだから」と卑下する人もいます。どちらも明らかに印象が悪くなるのです。

だからといって、素直に「ありがとう」と認めると、自慢になりそうで心配……。そういうときは、**「この服、私もお気に入りなんです。いいものが見つかってラッキーでした」「うちの子、運がよかったんです」**などと、「運」のせいにするのもひとつの方法。こういうと角が立ちません。ほめ言葉は、上手に受け取り、上手に返しましょう。

第7章
自己主張

「自己主張」というのは文字通り、自己を主張する行為です。言葉の響きからネガティブなイメージを持つ方が多いかもしれませんが、職場でも家庭でも「自分の意見や考えを伝える」のは大切なこと。むしろ、言いたいことがあっても言えないほうが精神的ストレスになるため、相手が納得、理解しやすいように上手に自己主張する術《すべ》を身につけたいものです。

ところが、自己主張を自己中心的な主張だと勘違いして、相手の立場や意見を考慮せずに、自分が言いたいことだけ言って終わりにする人が多いようです。さらには、「あなたは間違っている、私が正しい」というふうに、相手を否定または批判することで、自分を優位に立たせようとする人もいます。そういった言い方では、素直に聞く耳を持つ人はいませんよね。

「あなたと私は違う人間だから、意見が違って当然」という前提で話をするのがコミュニケーションの基本。心理学では人生における基本的態度として、自他を肯定する「I'm OK, you are OK」が理想と言われています。相手を尊重しながら、自分の意見を伝えましょう。

あ、お昼
お弁当ですか？
私もやってみようかな
コンビニばっかりだしなー
それはやめた方がいい…
ブ…ブチョー
うっ…
うりうり
どーせ続かないよー？大変だよー？毎日作るのって
作ったことないけどさー
毎日じゃなくても2日に1回とか
おかずだけ作るだけでも続けられるかもね
へーそーなの
先パイッ!!

IIKAE 60 ZUKAN

×よけいなひと言

それはやめたほうがいい

←

◎好かれるひと言

私はこういう理由で
こうしたほうがいいと思う

自分の主観を人に押しつけるのはよけいなお世話

立場的に上の人が下の人に言いがちなのが、「それはやめたほうがいい」と主観で断言する言い方です。

たとえば、「投資をはじめたい」と言う人に、「それはやめたほうがいいよ。貯金が一番だよ」と言うのは単なる主観の押しつけ。しかし、「投資もいろいろあるみたいだよね。僕はリスクを考えて今はやっていないけど、貯金もしながらやると安心かもね」と言えば問題ありません。「禁止」ではなく、自分がやらない理由を伝えて、**「こういう方法もあるんじゃない？」**と選択肢を与えているからです。決めるのは本人ですから、第三者が主観を押しつけるのはよけいなお世話になります。

それでも、どうしても言いたいことがあるなら、「こういう理由があるから僕はこうしたほうがいいと思う」と、あくまでも〝自分の意見〟である前提で話をしてください。

カウンセリングの場では、押しつけはもちろん、意見を言うこともしません。仕事を辞めたいと言う人にも、「辞めたいと思うほどの原因があるんですね」と受けとめます。そして、自分はまだ辞めないほうがいいと思っていても、「どんな問題が解決できれば、辞めずに済むと思いますか？」と本人に問いかけるのです。あくまでも**「主体は相手」**なので、その軸がぶれないように会話をすると、相手の方に不快な思いをさせずに済むのです。

× よけいなひと言

みんながこう言っているから

←

◎ 好かれるひと言

私はこう思います

意見を言うときは「自分」を主語にするのが基本

子どもはよく「みんなが言ってるよ」「みんなが持っているから買って」と言います。なぜなら、本当は自分が主張したいことでも〝その他大勢〟を巻き込んで、それが正しいことのように思わせたいから。また、子どもはまだ自分の意見に自信がなく、自己主張に説得力を持てないからです。しかし、73ページでも述べたように、**「みんな」**を枕詞《まくらことば》のようにつける表現は**「一般化」**と言われ、逆に説得力に欠ける話になってしまうのです。

「普通は」も似た言葉。「普通は」「みんなは」をよく使う人は、「普通って何？」「みんなって誰？」と相手に思われて〝半信半疑〟で話を聞かれてしまいます。

自分の意見に耳を傾けてほしいなら、**「私はこう思います」「私の考えはこうです」**と単刀直入に言ったほうが、真っ直ぐ相手に伝わります。もしも実際に、自分と共通意見の人がいるなら、自分の意見を伝えたうえで、「○○さんと△△さんも同意見です」と具体的な名前をプラスすれば説得力が増します。

自己主張するときは、自分の思いや考えを自分自身で把握できなければ、人に伝えることはできません。それができずに、あるいは自信がなくて、ついつい「みんなは」「普通は」と枕詞のようによけいなひと言を加えてしまう人は、**「私」の立場ではっきりものを言う**ことを意識して。それができると、耳を傾けてもらいやすくなりますよ。

IIKAE 62 ZUKAN

× よけいなひと言

これは絶対にいいから

←

◎ 好かれるひと言

私はいいと思うから試してみて

自分が好きなものを主観で押しつけるのは、
ありがた迷惑になる

たとえば、自分がすごく気に入ったものがあって、友人や知人に薦めたいと思ったとき。「これは絶対にいいから！」と言うと**ただの〝押しつけ〟**になってしまいます。何を良い悪いと思うかは、人それぞれ。他人の価値観を一方的に押しつけられたほうは、ありがた迷惑に感じてしまうこともあります。

また、他人に何かを押しつける人ほど、「どうだった？　よかったでしょう？」と同意を求めたがります。その反応がイマイチで期待外れだと、「なんであのよさがわからないの」と勝手にショックを受けることも。でも、薦められた側にしてみれば、「私はあなたとは違うからそんなことを言われても」と思います。一方的にテンションを上げたり下げたりして、それを自分のせいにされたら、たまったものではありませんよね。

迷惑がられずに、何かを薦めたい場合は、「**私のお気に入りなんです。試しに使ってみてね**」と言うのがベスト。好き嫌いが分かれそうなものなら、「気に入らなかったら他の人にあげてね」とひと言プラスするのもありです。**相手に〝逃げる〟余地を与えてあげて**ください。

長年付き合っている相手だと、気が合うゆえに、自分と好みが同じで当然、と勘違いしやすくなります。よかれと思ってやったことが裏目に出ないよう、相手の立場になって考えられる人になりたいものですね。

IIKAE 63 ZUKAN

✕ よけいなひと言

私はそんなこと言ってません

↓

◎ 好かれるひと言

私はこのように認識していました

トラブル解決の会話は「言い訳」ではなく「説明」を

話が行き違ったり、思わぬところで誤解が生じていたりしたなど、社会には「理不尽」に思われる出来事がよくあります。そういうときは、「自分は間違ってない！」と主張したくなるもの。もちろん、正当性を伝えるのは悪いことではないのですが、トラブル対応の場合は慎重に言葉を選ばなければ、感情のぶつけ合いになるので注意が必要です。

一番よくないのは、**「私はそんなこと言ってません」「私のせいじゃありません」**と**責任転嫁**すること。もし本人に非がなくても、「悪いのは私ではない」と開き直られると、言い訳に聞こえてしまうからです。

なので、このような場合には、**「私はこのように認識していました」**とか、**「それは先輩の指示に従って進めました」**というように、まずは事実や状況を説明することです。

人は、「本当はどうだったのか」「実際何があったのか」を知りたいという欲求を持っています。トラブルになった原因を明らかにしたいわけです。ですので、「私はこういうつもりだった」という気持ちではなく、「実際に起こったこと」と相手に「確認してほしいこと」を伝えましょう。こちらの状況を説明し、相手の状況も説明してもらう、ということが大切です。

お互いの事実確認をしたうえで、「じゃあ、次からはこうしよう」と同じトラブルを起こさないための対策を考える。これが良好な関係を維持する秘訣《ひけつ》なのです。

×よけいなひと言

私の話をわかって
いただけないんですね

←

◎好かれるひと言

私はこのように
理解していただきたいのです

相手を責めると、解決するどころかバトルがはじまる

郵 便 は が き

料金受取人払郵便

新宿北局承認

8720

差出有効期間
2022年11月
30日まで
切手を貼らずに
お出しください。

169-8790

154

東京都新宿区
高田馬場2-16-11
高田馬場216ビル5F

サンマーク出版愛読者係行

ご住所	〒 都道府県	
フリガナ		☎ ( )
お名前		
電子メールアドレス		

ご記入されたご住所、お名前、メールアドレスなどは企画の参考、企画用アンケートの依頼、および商品情報の案内の目的にのみ使用するもので、他の目的では使用いたしません。
尚、下記をご希望の方には無料で郵送いたしますので、□欄に✓印を記入し投函して下さい。
□サンマーク出版発行図書目録

愛読者はがき

1 お買い求めいただいた本の名。

2 本書をお読みになった感想。

3 お買い求めになった書店名。

市・区・郡　　　　町・村　　　　書店

4 本書をお買い求めになった動機は?

・書店で見て　　・人にすすめられて
・新聞広告を見て(朝日・読売・毎日・日経・その他＝　　　)
・雑誌広告を見て(掲載誌＝　　　)
・その他(　　　)

ご購読ありがとうございます。今後の出版物の参考とさせていただきますので、上記のアンケートにお答えください。**抽選で毎月10名の方に図書カード(1000円分)をお送りします。**なお、ご記入いただいた個人情報以外のデータは編集資料の他、広告に使用させていただく場合がございます。

5 下記、ご記入お願いします。

ご職業	1 会社員(業種　　)	2 自営業(業種　　)	
	3 公務員(職種　　)	4 学生(中・高・高専・大・専門・院)	
	5 主婦	6 その他(　　)	
性別	男・女	年齢	歳

ホームページ　http://www.sunmark.co.jp　ご協力ありがとうございました。

相手の主張と自分の主張が噛み合わず、議論や話し合いがなかなか進まない場合、どのような対応をするのがいいでしょうか？　ひとつはっきり言えるのは、相手への不満の気持ちをぶつけて、「なぜわかっていただけないんですか？」「私の話をわかってもらえないようですね」と感情的になると、ますます険悪な雰囲気になって揉《も》めてしまうということです。

「なぜあなたはわかってくれないの？」という言い方は、相手が主語の〝ユーメッセージ〟。**相手を責めて変えようとする意図**が伝わるため、一気に不快感が高まります。「そっちこそ、こちらの言い分がわかってないじゃないの！」とバトルが始まることにもなりかねません。

1分でも早い解決を望むなら、相手を責めるのではなく、こちらの意向を伝えることが大切です。相手に協調してもらって理解をうながすためには、自分を主語にした〝アイメッセージ〟で、**「私はこのように理解していただきたいのです」**と言ったほうが、相手に伝わりやすくなります。

たとえ家族や友人でも、責めたり、批判したりする言葉は相手を傷つけます。

自分の思いを伝えつつ、**「あなたはどう思っているの？」**と**相手の意見に耳を傾ける**ことが、信頼につながります。結果的に、一方的に相手を責めるより相互理解を促したほうが、自分も相手もハッピーになれるのです。

IIKAE 65 ZUKAN

× よけいなひと言

結局、こういうことですね？

←

◎ 好かれるひと言

こういう理解でいいでしょうか？

話の途中で「結局」でまとめるのは強制終了するのと同じ

人の話を聞いているときや、議論をしている途中で、「結局、こういうことですよね？」「つまり、こういうことでしょ？」と話をまとめたがる人がいます。これはかなり〝上から目線〟のよけいなひと言。相手の話を早く切り上げたいときや、話がよくわからなくて自分で要点をまとめたいときに、よく口にしがちな言葉です。

特に、「あなたの話は長い」「何を言いたいのかわからない」とイライラする気持ちがある場合、**「結局」「要するに」「つまり」**といった言葉で話をさえぎって、場を仕切ろうとしてしまうんですね。

そのように一方的に話をまとめられると、「はい、あなたの話はもう終わり」「わかった、わかった」と強制終了されたようでいい気持ちはしません。

相手が話している内容を適宜まとめるのは、悪いことではありません。自分が理解していることが間違っていないかどうか、確認しながら話を進めることは大切です。その場合は、**「今の話はこういうことですよね」「こういう理解でいいでしょうか？」**とだけ言って確認すればいいのです。

言葉をはさみにくい場合は、**「ちょっと聞いてもいいですか？」**と断りを入れてから、「今の話はこういうことですか？」と聞けば失礼になりません。

IIKAE 66 ZUKAN

× よけいなひと言

世の中そんなに甘くないから

←

◎ 好かれるひと言

あなたの考えを聞かせてくれる?

何でもわかったフリをしない、偉そうにしない上から目線の言葉はたくさんありますが、言われるとイラッとする代表的なもののひとつは「世の中そんなに甘くないから」。この言い方がよく使われるのは、親が子どもに、社会人が学生に、上司が部下に対して言うケースです。

これは、年上が年下を、ベテランが経験の浅い人をバサッと切り捨てる**〝地雷ワード〟**とも言えるでしょう。この言い方には、「そんな甘い考えじゃ厳しい世の中を生きていけないよ」という脅しのニュアンスもあるので、言われたほうはとてもネガティブな気持ちになります。そもそも、「世の中」というくくりが大ざっぱ過ぎます。それに、何をもって「厳しい」と思うかは人それぞれ。「何でもわかったフリして偉そうに」と反感を買うだけでしょう。

本当に心配な人にアドバイスしたい場合は、「**考えを聞かせてくれる？**」と問いかけて、相手の思いと同時に、実際にどう行動する予定なのかを相手が示す機会をつくって。「充電したいので会社を辞めます」という人に、「具体的にどうするつもりなの？」といった具合です。

それでも相手の考えの甘さを指摘したい場合は、「僕も30代の頃、転職ですごく大変な思いをしてお金に困ったから、次が見つかってから辞めたほうが安心だと思うよ」と、**自分自身の経験**を話せば、聞く耳を持ってもらえるかもしれません。

いずれにしても「**他人は自分とは違う人間なのだ**」と自覚したうえで、話をすることです。

IIKAE 67 ZUKAN

× よけいなひと言

こんなこと言いたくないんだけど

←

◎ 好かれるひと言

気になっているので伝えておくね

相手が素直に受け入れてくれる「言い方のコツ」を身につけて

以前、こんな出来事がありました。ある会社で、資料作成がいつも遅くて残業ばかりしている社員に、先輩が「**こんなこと言いたくないんだけど、**あなたもう5年目だよね。もしかしてまだパソコン苦手なの？」と言ったそうです。

このように、少しでも相手をバカにした言い方は相手を傷つけます。しかも強い威圧感があったために、**パワハラ**と受け取られて、コンプライアンス窓口に苦情として報告されたのです。

他人にやってほしいことや言いたいことがあるとき、「本当はこんなこと言いたくないんだけど」と前置きするのは、「どうしても言っておきたいからよく聞いてよ」と脅しているようなニュアンスがあります。もしも仕事を早く終わらせてもらいたいなら、「以前から気になっているのでお伝えします。残業が増えているので改善してください。就業時間内で終わらせるための効率化を**相談しましょう**」と言えばよいのです。

「こんなこと言いたくないんだけど」には、「あなたのためを思って」というニュアンスも含まれますが、実際には、相手に対する〝不満〟を言いたいときに使われることがほとんど。ですから相手も、「言いたくないなら言わないでいいのに……」と内心警戒して、言われたことに苦痛を感じるケースが多いため、うっかり口にしないようにしましょう。

声をかけるなら、「**気になっているので**」「**相談して**」と明るく伝えるのが正解です。

IIKAE 68 ZUKAN

×
よけいなひと言

自慢じゃないけど

←

◎
好かれるひと言

ちょっといいことがあったから自慢してもいい？

自慢話で嫌われる人と好かれる人の違いはコレ

すごくうれしいことや誇らしいことを、誰かに聞いてほしいときや、どうしても自慢したいとき、どんなふうに話すと嫌われないでしょうか？

「自慢じゃないけど、昔はトップ営業マンだったから」と自分で自分をほめて自慢する人。「自慢じゃないけど、離婚することになったんだ」と本当に自慢にもならない自虐話をする人。人の性格によって使い方が分かれるのが、**「自慢じゃないけど」**という言葉です。ただ、実際には、前者のように「今から自慢します」という意味の前置きとして「自慢じゃないけど」を使うケースが多いのです。

「自慢じゃないけど」からはじまる自慢は**明らかなマウンティング**。相手を不快にしてしまいます。「自慢じゃないけど、このバッグ50万円だったの」とか、「自慢じゃないけど、俺の彼女はモデルなんだ」と得意げな顔で言われても、「ふーん、よかったね」とシラケてしまうもの。反対に、相手の機嫌をとって「すごいですね！」などと持ち上げれば、ますます鼻をふくらませて自慢話を続けられるのがオチです。

好かれる人は、**「いいことがあったから自慢してもいい？」「うれしいことがあったから聞いてくれる？」**と話しはじめます。**ストレートに自慢したほうが嫌みにならない**のです。そして、話は「短く、パッと終わらせること」。それがポイントです。

第8章 注意・叱り方

注意をすること、叱ることは、コミュニケーションの中でもっとも難しく、ハラスメントにもつながりやすいテーマのひとつです。なぜなら、注意したり叱ったりするのは、他人を自分の思い通りにコントロールしようとする意図が働く場合が多いから。自分の希望を押しつけるような圧力をかけると、どんな相手でも不快な思いがして嫌な気持ちになるものです。

言い方ひとつ間違っただけで、相手との関係性が修復不可能になるようなこともあります。最悪の事態を避けるためには、相手の自主性を重んじて、成長をうながすために叱っているのだと意識することです。

ポイントは2つ。ひとつは「事実」を伝えること。「頼んだ資料が期日を過ぎてもできていない」といったことです。もうひとつは事実の後に、「自分の気持ちや考え」を伝えること。「あなたが締切を守らなかったから、私は困った」といったことです。「世間的にマズイから」とか「周りの人がこう言っている」などと他人のせいにするのもよくありません。

君!!さっきから全然進んでないじゃないか!!
やる気あるの?
スミマセン…
なぜそんなに仕事が遅いのかね〜
まったく!!
はやくしてっ
ずーん
何か困ってる?
いつもと違ってパフォーマンスが低いように見えるけど
先パイ…
部長に頼まれたんですけど…
宴会の出し物リストをまとめろって…急ぎで…
それはね
迷惑していますって言っちゃって下さい

× よけいなひと言

やる気あるの？

◎ 好かれるひと言

パフォーマンスが低いように見えるけど、何か困っている？

本人のやる気を引き出すためには、自分の視点で気遣いを誰かを注意したいとき、どんな言葉をかければ、本人がやる気になるでしょうか？　イライラしているとつい、「やる気あるの？」「真面目にやってるの？」「もっと早くできないの？」などと言ってしまう人がいるかもしれません。しかしそれはどれも、「なんで真面目にできないの？」「なぜそんなに仕事が遅いの？」と**相手を責めているのと同じ**。もしそれが事実で相手に非があるとしても、言われたほうは素直に受けとめにくいものです。

相手から迷惑をかけられたり、自分にも影響が出ていたりするとよけいに、理性より感情が先走って、責めたり、問い詰めたりしたくなるかもしれません。そういうときほどパワハラになりやすいので、慎重かつ冷静に対処する必要があります。たとえ自分が正しいとしても、相手に威圧感を与えて責めるように言うのはNGなのです。

では、どのように言いかえたらいいでしょうか？　**「最近、仕事のパフォーマンスが落ちているように見えるけど、何か困っているの？」**というように事例性にフォーカスして話をすることとです。相手のせいで自分が困っているときは、「昨日までにあなたの仕事が終わらなかったので、責任者である私は非常に困りました」と「事実」を伝えてください。ポイントは、**先に「事実」を言い、「感情」は後で伝える**こと。この順序が鉄則です。この順序が逆にならないように気をつけて。そして、どうすれば改善できるかまで話し合うことが大切です。

IIKAE 70 ZUKAN

× よけいなひと言

なぜ連絡してくれなかったの？

←

◎ 好かれるひと言

困っていたから連絡してほしかった

他人が自分の思い通りに動かないのは当たり前

ついムッとして、「なぜやってくれないの？」「なんで同じことを言わせるの？」などと責めたことはありませんか？　相手が自分の思い通りに動いてくれないときや、期待に応えてくれなかったとき、夫婦ゲンカや親子ゲンカでよく聞く話です。

この場合も、**「なんでいつもそうなの？」**と相手に怒りをぶつけて高圧的になればなるほど、関係性は悪くなってしまいます。どんなに些細《ささい》なことでも、自分の主観や感情を押しつける叱り方はNG。相手に苦痛を与えて逆ギレさせる可能性もあります。

こういうときは、「逆の立場」で考えてみてください。**「なんで連絡をしてくれなかったの？」**と問い詰められるのと、**「連絡とれずに困っていたから連絡してほしかった」**と気持ちを伝えられるのとでは、受け取り方がまったく違いますよね。前者には、「こっちだって忙しかったんだ」などと言い訳したくなると思います。でも後者のように言われて、自分のせいで相手を困らせてしまったと思うと、「悪かった。次から早めに連絡するよ」と素直な返事をしやすくなります。

感情のぶつけあいは、お互いストレスが溜《た》まるだけ。まず冷静になって、**「自分は」どう思って、「自分は」どうしてほしかったのか**、自分視点の〝アイメッセージ〟で気持ちを伝える習慣を身につけることが、最善策につながるのです。

IIKAE 71 ZUKAN

× よけいなひと言

こうするべきだよね

←

◎ 好かれるひと言

こうしてください

「〇〇すべき」は相手も自分も追い詰める

ミスや間違いを指摘するときも、相手を追い詰める言い方をするとパワハラ、モラハラになることがあります。たとえば、仕事の約束の時間ギリギリに来た人に、「遅いよ、せめて10分前に来るべきでしょ」と言ったとします。たしかにギリギリなのはよくないかもしれませんが「10分前に来るべき」というのは**その人の主観**です。

けれども、主観でいくら相手を責めても、前にも伝えたとおり「あなたの考えを押しつけないでほしい」と思われます。相手が繊細で真面目な人の場合、他人の言葉を真に受けて、「自分はダメな人間なんだ」と思い詰めて落ち込み、心身の不調を抱えてしまうことも。

どちらにしてもハラスメントになる可能性大ですから、特に職場で**「べき論」**をふりかざすのはやめましょう。

「べき論」は言った本人も追い詰めます。自分もそのことに固執するので、できないときに大きなフラストレーションを抱えてしまうからです。「〇〇すべき」が思考の癖になって、挫折するとすぐに自己嫌悪に陥るのもこのタイプです。

人の間違いやミスを注意する必要がある場合は、**「関係者が迷惑して困る」「業務に支障をきたす」**など、まず注意する理由を説明します。そのうえで、**「次回からこのようなことがないように改善してください」**と要望を伝える言い方がベターです。

IIKAE 72 ZUKAN

× よけいなひと言

今回のミスはあなたのせいです

←

◎ 好かれるひと言

ミスが起きた原因と改善策を教えてください

ミスを責めないで、解決策のほうに目を向けて大切な取引先が、ミスをした部下の営業担当にクレームをつけてきて、受注契約が御破算になったとします。あなたがもし上司だったら、どのように対応するでしょうか？

「今回の件はきみのせいだ。どうしてくれるんだ」「あなたの対応が間違ったからこうなったんですよ」と叱責する人もいるかもしれません。叱りたくなる気持ちはわかります。しかし、最終的な責任は上司である自分にあると考えるのが筋。部下に責任を押しつけると、相手を窮地に追い込むだけで何の解決にもなりませんし、上司としての責任能力を問われます。

ですので、こういう場合はまず、「なぜそのようなミスが起きてしまったのか」、**経緯**を確認してください。そして、「今後同じようなミスをしないためにはどうすればいいのか」、まずは本人に**改善策**を考えてもらうのです。このとき、先に「こうすればよかったんだ」と言わないこと。これをしてしまうと、「早くそう言ってくれたらよかったのに」という気持ちになり、**〝指示待ち人間〟**を育ててしまうことになります。

本人に反省を促し、自ら動いてもらう人材を育てるには、**「あなたはどう思っていますか？」**と聞くのがいいでしょう。一方的に「反省しなさい」と言っても、本人にその気持ちや能力がなければ応えられませんし、言い訳の機会を与えることも必要。「原因と対策」、本人の「気持ちと考え」をすべて自分の言葉で説明するよう指導するのが、適切な対応の仕方です。

IIKAE 73 ZUKAN

×

よけいなひと言

ちゃんとしてください

←

◎

好かれるひと言

この作業は〇〇までやってください

「ちゃんと」「しっかり」といった
“漠然とした言葉”は単独では使わない

「ちゃんとしてください」と言われることがあります。でも、何をどうちゃんとするのか、言った本人がイメージしていることを正しく理解できる人がいるでしょうか？

たとえば服装ひとつとっても、「ちゃんと」しているのはスーツだと思う人もいれば、ジーパンにジャケットでも「ちゃんと」している服装だと考える人もいます。

価値観はそれほど人によって異なるもの。そのため、「ちゃんとして」という漠然とした言葉でいくら注意しても、言った人と言われた人の「感覚」のすれ違いが起きるので、お互い納得できるような事態の解決にはなりません。

「しっかりして」「きちんとやって」「普通にやって」というのも同じで、注意や指摘の場面では使っていけない**NGワード**です。

注意したいことがはっきりしている場合は、「この作業はまだ途中です。必ずここまではやってください」と**〝具体的な指示〟**を出さなければ相手はわかりません。

たとえば、服装を注意したいなら、「今回の商談にジーンズでは失礼になります。スーツを着てください」、言動を注意したいなら「会議中の私語は慎んでください」というように、何を注意されているのか相手が理解できる説明が必要です。

「言わなくてもわかるはず」はトラブルの火種になる可能性大、なのです。

IIKAE 74 ZUKAN

×

よけいなひと言

こんなミスして恥ずかしくないの？

←

◎

好かれるひと言

私はこう思うんだけど、どう思う？

他人は自分と違う人間。
「人格否定」ではなく尊重する姿勢を

注意や叱責をするとき、感情的になると言ってしまいがちなのが、起きたミスや問題自体についてではなく、ミスを起こした本人の性格をなじることです。**「そういうだらしない性格だからミスするんだよ」「こんなミスして恥ずかしくないの?」**ととがめるような言い方から、「あなたみたいないい加減な人間とは一緒に仕事できない」「こんなに仕事ができない人間ははじめてだ」といった暴言までバリエーションはさまざま。「いや、そんな暴言、吐かないよ」という人でも、家族や近しい友人には強く言ってしまっていませんか?

あからさまな人格否定は「指導」ではなく「攻撃」や「差別」となり、相手をひどく傷つけて苦痛を与えます。ハラスメントで苦情を訴えられることも少なくありません。

「だらしない」「恥ずかしい」と思っているのは、言った側の**〝主観〟**ですから、「そんな態度、恥ずかしいからやめなさい」とどんなに注意しても、言われた当人には関係ないこと。

ですからこれは、「言いかえ」するより「言わないほうがいい」言葉なのです。それでも、「これは恥ずかしいことなんだ」「今後はやめてほしいんだ」と伝えたいときは、〝アイメッセージ〟の**「自分視点」で具体的に伝えましょう。**たとえば、「足を広げて椅子に座るのは、とても恥ずかしいことだと私は思うけど、あなたはどう思う?」というように。「他人は自分とは違う人間」だと意識すれば、一歩引いて客観的な会話ができるようになるものです。

IIKAE 75 ZUKAN

×よけいなひと言

そんなことも知らないの？

←

◎好かれるひと言

わからないことがあれば教えます

マウンティングするのではなく寄り添う言い方で

何か間違ったことをしたり、仕事のやり方を知らない人がいたりすると、**「え？　そんなことも知らなかったの？」**とマウンティングする人がいます。これは完全に相手を見下した、神経を逆なでする嫌みな言い方。言われたほうは、100パーセント不愉快な思いをします。

自分では知っているのが当たり前のことを、他人がすべて知っているとは限りません。むしろ、知識や情報は人によって差があるのが当たり前。それなのに、「知らないことが悪いこと」のように責めるのは、人格否定につながり、相手に大きな苦痛を与えるのです。

仕事上、必ず知っておかなければいけないことであれば、**「この仕事のやり方は知っていますか？　わからないことがあれば教えます」**という言い方がいいでしょう。そのように相手を尊重した言葉遣いができる人は素敵ですし、信頼感が増しますよね。

仕事のことではなく、ニュースや流行の話題など、関心のない人にとってはどうでもいいことを、「そんなことも知らないの？」と言うのもNG。相手を不快にさせてイラッとさせるだけなので、たとえ友だち同士でも言わないほうが無難です。

もし、相手が知っているかどうか気になるのなら、「あのメーカーの新商品、知ってる？」というように確認を。もし知らなければ、**「とっても便利で使いやすかったのよ」**と教えてあげればいいのです。

第9章 他人との距離

長年コミュニケーションのプロとして指導をしてきて、経験上はっきりと言えるのは、「人との距離感」がわからなくなっている人がとても多いことです。

他人との距離をいいバランスで保つためには、「同感する」のではなく「共感する」ことに徹すること。そして、遠からず近からず、「一定の距離」を保つことです。

相手に好かれたい、親しくなりたいという一心で、人と人との間にある境界線を飛び越えて、どんどん相手の領域に踏み込んでいく人。反対に、近づいていくことができずに、いつまで経っても他人との距離を縮められない人。自分も相手も気持ちよく付き合えるちょうどいい関係とは何なのか、わからないまま迷走している人が少なくありません。

好かれる人は、相手の心のテリトリーにグイグイ踏み込まず、適切な距離感を保っています。相手のことを、全部知らなくてもいいのです。自分と相手のテリトリーが重なる部分が狭くて濃いほうが、良好な人間関係を育むことができます。

最近うまくいかないことが多くて…
ハァ…
そうなんだ…
ずいっ
わかります!!
僕も同じですよー毎日部長に怒られて取引先にも悪い意味で顔を覚えられちゃって〜
わかりみが深いわ〜
そ、そうね…
ありがと…
同じか?
いや〜わかりみっスね〜
僕も
同じではないけれどね、わかる気がするよ
えっ!!
ホントですかっ
くるっ
あれ? わかりみはー?

IIKAE 76 ZUKAN

× よけいなひと言

私も同じだから、わかる

←

◎ 好かれるひと言

同じではないけれど、わかる気がする

「同感」と「共感」は似て非なるもの

話し相手がネガティブなことを話題にして、自分も同じような経験をしたことがあると、距離を縮めたくて「私も同じだから、わかる」と言ってしまう人がいます。

しかし、「同感」と「共感」は似て非なるもの。「わかるわかる」がよけいなひと言になってしまうように、同じ経験をしたとしても、他人と自分の考え方や価値観がまったく同じということは絶対にありえないのです。

そのことを踏まえたうえで、弱っている人や困っている人を慰めたり励ましたりしたいときは、**「私もそういうことがあったので、同じではないけれどわかる気がします」**という言い方のほうが適切です。

ただ、注意してほしいのは、その後よかれと思って、「自分はこうだったから、こうしたほうがいい、ああしたほうがいい」と一方的なアドバイスをしないことです。お節介を焼きたくなる気持ちはわかりますが、**相手と自分の体験は別物**。どんなに説得力のあるアドバイスをしたところで、他人には役に立たないことのほうがほとんどです。

カウンセリングの場でも、安易な同感は、基本的にしません。ただ、通常の会話の場合は、同意してほしいこともあると思います。そんなときに**「同じではないけれど」**という前提ありきで関われたらいいですね。

IIKAE 77 ZUKAN

× よけいなひと言

言ってくれればよかったのに

←

◎ 好かれるひと言

力になりたかった。
困ったことがあったら連絡してね

相談するかしないかは相手の自由。
自分の気持ちを伝えればいい

ネガティブなことがあった人から、「実はこういうことがあって大変だったんだ」と打ち明けられたとき、「言ってくれればよかったのに」と返したことはないでしょうか?

「何か力になれたかもしれないのに」「言ってくれれば何とかできたのに」と、よかれと思って言ったことでも、相手は知らせなかったことを責められているようで、さらにダメージを受けてしまいます。

私の友人も以前、トラブルがあったことをSNSに書いたら、「言ってくれれば手を貸したのに。水くさいから怒っています」とコメントしてきた人がいて、嫌な思いをしたと言っていました。その人に助けてもらいたいとは露程も思っていなかったそうなのです。

こういう場合、連絡をしてこなかった相手を責めるのはおかしな話。ちょっときつい言い方をすると、困りごとを相談されなかったのは、自分がその程度の遠い存在だからなのです。もし本当にその人の役に立ちたかったのなら、**「私にはこういうことができるから、力になりたかった」**と自分の気持ちを伝えるだけにしましょう。また、**「お役に立てることがあったら連絡してね」**と、未来のことについて言うのは問題ありません。

たとえ仲良しでも、相手には相手の事情があります。何でもかんでも、お互いのことを知る必要もありません。友だちづきあいも、ほどほどの距離感を。

IIKAE 78 ZUKAN

×よけいなひと言

私なんてダメですよ。無理ですよ

←

◎好かれるひと言

私でよければやらせてください

「私なんて」ではなく「私でよければ」が好感度大

「私なんて」という言葉には、「脅し」と「保険」の意味が含まれています。へりくだった言い方は、一見、謙虚に見えますが、とても傲慢な態度の表れなのです。

たとえば、「この仕事をあなたにお願いしたいの」と頼まれたとき、「私なんてダメですよ、そんなこと無理ですよ」と言っておけば、相手が望んでいる結果が出せなかったときに「だから無理って言ったでしょ」と言い訳できます。136ページの「どうせ」と同じで保険をかけているのです。

また、「私なんてダメ」と自分を貶めるのは、「そんなことないですよ」と言わせるためで、相手を試している証拠。「自分を認めてほしい」と思う自己承認欲求の裏返しの言葉です。

しかし、相手はできると思って頼んでいるわけですから、そんなひねくれた返事をされると「面倒な人だな」と思うだけ。だからといって、「じゃあいいよ」と突き放すわけにもいかないので、「大丈夫ですよ」と一応フォローはするでしょう。でも次からは、「この人には気持ちよく頼めないな」と思うはずです。

せっかく自分を頼って声をかけてくれた人を遠ざけないためには、**「私でよければやらせてください」**と**〝前向きな返事〟**をすることが一番です。やる気のある素直な姿勢ほど、相手は好感を持つのです。

IIKAE 79 ZUKAN

×よけいなひと言

今まで言わなかったけど、
そのやり方はやめたほうがいい

←

◎好かれるひと言

そういうやり方もあるけど、
私はこうしたほうがいいと思う

不満や要望は、相手を責めるのではなく
自分がどう思うかを伝える

今まで言いたくても我慢して言えなかったことを、どうしても伝えたいときほど、言葉の選び方が難しいものはありません。なぜなら、我慢していたぶん、感情が高まっていてなかなか冷静に伝えられないからです。**「今まで言わなかったけど」「はっきり言うけど」「前から言いたかったんだけど」**など、前置きはいろいろあります。けれども、どれも**高圧的**に聞こえて、相手が「何を突然？　どうしたの？」と身構えてしまいます。

特に、相手に対する不満や要望から、「今まで言わなかったけど、あなたいい加減よね」「はっきり言うけど、あなたは遅刻が多くてだらしない」などというのは、**人格否定**にもなり、相手に大きなダメージを与えるモラルハラスメントになる可能性があります。本人自身を揶揄《やゆ》するのではなく、何に不満や要望があるのかを明確に伝えましょう。

最初に相手を受容するフレーズがあると、ニュアンスはガラッと変わります。**「その考え方もあるよね**。でも私はもっと慎重に考えたほうがいいと思う」と言えば、押しつけにはなりません。もちろん、「今まで言わなかったけど、私、結婚したの」「前から言いたかったんだけど、私今月で会社を辞めるんだ」といった、打ち明け話の前置きならまったく問題ありません。聞いたほうも、「おめでとう」「知らなかったよ」と素直に受け取れます。言いづらいことは、「少し気になる」という程度の、こちらに余裕があるうちに伝えることが大切です。

IIKAE 80 ZUKAN

✕ よけいなひと言

あなたはまだいいじゃない

◎ 好かれるひと言

そうなんですね

相手の個人的な悩みは、ただ受けとめるだけでいい良好な人間関係を育んでいる人は、相手のことを他と比較したり、自己流に解釈したりした「上から目線」の言葉は使いません。ただ、ちょっとした会話の中で、よかれと思ってつい口にして裏目に出るのが、**「あなたはまだいいじゃない」**という言い方です。たとえば、励ますつもりで、**「そのくらいのミスで済んだからいいじゃない」**などと言っていませんか?

こんな話を聞いたことがあります。被災地でボランティアをしている人が、被災者を励ますつもりで、「家は倒壊したけれど、ケガで済んだから不幸中の幸いですね」と言ったときのこと。言われた当事者は、「あなたに私たちの気持ちがわかるわけがない」と思い、憤りを覚えたと言っていました。

「経済的に苦しい」と話す人に「なんとか生活できているからいいじゃない」と言うのも、容姿を気にしている人に「健康な体があればいいじゃない」と言うのも同じです。「他人事」だから言えることは、いくら励ましのつもりでも当事者を不快にします。

とはいえ、何も言わないわけにはいかない、ということもありますよね。その場合は、**「ケガをされたんですね。退院されて何よりです」**と、事実に合わせた自分の気持ちを伝えるといいでしょう。個人的な問題に関しては、**「そうなんですね」と、ただ受けとめるだけでいい**のです。「他人事」の軽はずみな発言は慎んで。

IIKAE 81 ZUKAN

× よけいなひと言

結果がすべてだからね

↓

◎ 好かれるひと言

最後までよく頑張ったね

結果ではなくプロセスを評価して

「結果」だけを評価して「プロセス」を評価しない人は、「なんだかんだ言って、やっぱり結果がすべてだからね」と、短絡的な物の見方をしがちです。「普段どこで何をしていようが、結果を出せば関係ない」とプラスの意味で使う場合もありますが、言われたほうは、「どんなに努力しても、結果を出さなければ評価してもらえないのか……」と逆にプレッシャーを感じてしまうもの。

たとえば職場の同僚が、目標1000万円の売上げに対して950万円で未達に終わった場合、**「なんで結果を出せないんだ」**と〝マイナス評価〟する上司。**「残念だったけど最後まで頑張ったね。プレゼン資料はよくできていたと思う」**などとプロセスに対して〝プラス評価〟する上司。この2つのタイプがいたら、本人のやる気を高めるのは間違いなく後者です。

あなたがもし身近な人とうまくいかないと感じたら、原因はそこにある可能性があります。もしも相手に期待したり要求したりしていることがあって、結果しか評価していなければ、その考え方を改めたほうがいいでしょう。

良好な人間関係は、相手のいいところや頑張ったプロセスを**「認める」**ところからはじまります。好かれる人は、その好循環を作り出しています。自分の努力を自ら認められる人は、他人の努力にも目を向けることができ、プロセスも含めて評価できるようになります。

IIKAE 82 ZUKAN

× よけいなひと言

あなたのためを思って

←

◎ 好かれるひと言

私はこう思っている

「あなたのため」は「自己満足する」ための言葉

ビジネスの場でも家庭でも、**「あなたのためを思って言っているの」**と言う人は要注意。それは「自己満足のため」の言葉で、自分が相手に、「こうしてほしい」と思っていることを、「あなたのためよ」と善意のように見せかけて支配しようとしているのです。

「厳しいことを言うようだけど」という前置きも同じで、自分が相手をコントロールしたい気持ちが強いときに出てくる言葉です。その後に続くのはたいてい、相手への期待を裏切られたことに関する不満や攻撃。「期待」というのは、思い通りにならないと「攻撃」に変わりやすいのです。

ビジネスの場では、こうした言葉を使って部下や後輩をマウンティングする人がたくさんいます。誰かに対して、「絶対に負けたくない」と思っている人ほど、椅子取りゲームのごとく、能力ある人を潰しにかかります。特にターゲットになりやすいのは自己主張をしない人。また、指示に対して「このやり方だと甘いんじゃないですか?」などと痛いところを突いてくる、能力が高い部下です。自分の手に負えないと感じると脅威を覚えるからです。

「あなたのため」と言いたくなるときの自分の気持ちに向き合い、本当に相手のために伝えたいときは、**「私の考えではこうしたほうがいいと思う」**と簡潔に内容を伝えるにとどめましょう。マイナス感情は言葉に出やすいので、自分を客観視して冷静な対処を心がけて。

×よけいなひと言

それは違うでしょう

←

◎好かれるひと言

そうしたのはどういう思いから？

評価的態度の言葉を頻繁に口にする人は
“オレ様”人間の証拠

「良いか／悪いか」「正しいか／間違っているか」「上手いか／下手か」。こういったことを断定する対応を**〝評価的態度〟**と呼びます。

こうした二者択一で人を評価するのは、「自分のほうが上の立場」だと思っている証拠。自分は相手より頭が良い、仕事ができる、自分は正しい、といった自信やおごりがあるために、相手を評価することで自己満足している人は少なくありません。

相手がしたことを、「それはよくないよ」「そんなことやめたほうがいいよ」とジャッジするのも、根拠もなく主観で「大丈夫だよ」というのも同じことです。上司が若い部下から「大丈夫ですよ」と言われてムカッときたという話を聞いたこともあります。

一方的な判断の決めつけは、相手を不快にさせます。こうした発言が多いと感じている方は、まずは自分の気持ちのままにジャッジするのを控えてみましょう。

反論したいときは、断定せずに、**「そうしたのはどういう思いから？」**と、まずは相手の意図を確かめてください。

異論があれば、「私はこう思う」と意見を述べること。そして、反論されても評価せずに、お互いが分かり合えるように関わること。

感情的にならず、対等な立場でのやりとりを目指しましょう。

IIKAE 84 ZUKAN

×よけいなひと言

結婚はしないの?

◎好かれるひと言

ライフキャリアについてはどう考えてるの?

他人のプライベートにズカズカと踏み込まないで

仕事と関係のない雑談をしていると、相手のプライベートが話題になることもあると思います。よくあるのは、独身の女性に対して、「彼氏はいるの？」「結婚はしないの？」「子どもはどうするの？」「どこに住んでいるの？」と、個人的なことを踏み込んで聞いてしまうこと。

もちろん、お互いの関係性の深さにもよりますが、恋愛、結婚、出産などの話題にセンシティブな人は多く、ズカズカ踏み込んで聞くとセクハラになる可能性もあります。

特に、**初対面の人に、プライベートのことを聞いて詮索するのは厳禁**。いきなり、**「何歳なの？」「彼氏とはよく会ってるの？」「結婚してるの？」**と聞くのは、無神経で失礼極まりないこと。女性が男性に対して聞くのも、同じく嫌がられると思ったほうがいいでしょう。

最悪なのは、上司が部下に「まだ独身なの？　早く結婚したほうがいいよ」「子どもは○○歳までには産んだほうがいいよ」「結婚・出産しても旦那さんが養ってくれるからいいよね」と、**古い保守的な価値観を押しつける**ケース。これはモラハラ、セクハラでよく聞く話です。

親しい人とプライベートの話で盛り上がるのは問題ありません。しかし、そこまで距離が近くない人の私的領域に土足で踏み込む質問をするのは御法度。

そもそも個人的なことを共有したい人は自分から言うので、それまで待つほうがベター。段階を踏むことと、相手との境界線を見極めて。

× よけいなひと言

そんなのたいしたことないよ

↓

◎ 好かれるひと言

何が一番気になっているの？

「たいしたことじゃないかどうか」は当事者が決めること

もしもあなたが、嫌な出来事があって悩んでいるとき、他人から「そんなのたいしたことないよ」「気にしなくていいよ」と言われたらどんな気持ちになるでしょうか？　悩んでいる内容が「たいしたことじゃないかどうか」は、**当事者でなければわかりません**。「気にするかしないか」も、本人が簡単にコントロールできればそもそも悩まずに済むはずです。

こうした発言は、「あなたの悩みは無意味で価値がない」と決めつけて、悩んでいること自体を否定していることになるので、言われたほうはとても気分を害する言葉なのです。

そんなつもりはまったくなく、本当に相手のことを心配して元気を出してほしいと思うなら、**「その出来事で何が一番気になっているの？」「心配なことや困っていることがあったら話してみて」**と聞いてみてください。

たとえば、上司に叱られて落ち込んでいる同僚だったら、「上司に言われたことで何が一番気になっているの？」と聞いて、気持ちを吐き出してもらうのです。そのときは、あれこれアドバイスする必要はありません。そして、**「そんな思いをしたんだね」**と、話を聞いてあげるだけでスッキリして元気になる人もいます。

その後で本人が、「いろいろ聞いてもらえてよかった」と言ってくれたら願ったりかなったり。お互い良好な関係性を維持できるでしょう。

IIKAE 86 ZUKAN

× よけいなひと言

悩みがなさそうだよね

←

◎ 好かれるひと言

いつも元気そうだね

「悩みがなさそう」には「能天気で鈍感そう」という
ニュアンスがある

悩みがないことは、とてもいいことです。けれども、「悩みがなさそうに見える」「何があっても怒らなそうに見える」と他人から言われると、複雑な気分になりませんか？

誰でも、悩みのひとつやふたつくらいあるもの。嫌なことがあれば腹も立てます。それがまったくない人間というのは、能天気か鈍感で何も考えていない人間のようで、ほめ言葉どころかマイナスの意味で受け取られやすいのです。

「気楽でいいよね」という皮肉にも聞こえ、人によっては、バカにされたと思って傷つくかもしれません。

そんなつもりはまったくなく、いつも明るく元気な人にプラスの印象を伝えたいのであれば、**「いつも元気そうだね」**と、そのままの言葉で伝えたほうが誤解を招きません。

いつも笑顔で穏やかな人には、「○○さんって、いつも穏やかで笑顔が素敵ですよね」と、やはり思ったままを口にしたほうが真っ直ぐ伝わります。

そういう人がうらやましいのであれば、**「何があってもくよくよしない○○さんといると元気になります。私も見習いたいです」**と気持ちまで伝えると、相手も、「本心で言ってくれているみたい」と、いい意味で解釈してくれるもの。

実際はどうなのかわからないことを邪推するような言い方は避けましょう。

IIKAE 87 ZUKAN

× よけいなひと言

私はこうだった

←

◎ 好かれるひと言

あなたはそうだったんだね

自分語りの一方通行は空回りするだけ

他人の話には興味がなく、自分の話ばかりして周りを疲弊させる人、あなたの周りにいませんか？　たとえば、最近観《み》た映画の話をはじめると、「それ、観た観た。面白くて自分の青春時代を思い出したよ。実はこんなことがあったからさ……」と、**会話を〝横取り〟して自分の話をはじめる人**です。

こういうタイプの人に悪気はなく、むしろよかれと思って自分の話をする人が多いのですが、コミュニケーションは相互理解があってはじめて成り立つもの。自分が言いたいことだけひたすら話すばかりでは、信頼関係など深まりません。

特に、相手が自分より年下で知識や経験が少ない場合、「自分の体験談を語ってあげるのが親切だ」と勘違いしている人もいます。

しかし、話を横取りしてどんなにいい情報やアドバイスを語ったところでスルーされるだけでしょう。むしろ、「話を聞いてもらえなかった。話したいことが話せなかった」という不満だけを感じさせて、悪い印象を与えてしまいます。

そうならないためには、最後まで話を聞いて、「**そういうことがあったんだね**」といったん受けとめること。その上で、「**ちょっと私の話も聞いてくれる？**」と断ってから話せば聞く耳を持ってもらえます。自分語りの一方通行は、空回りして損するだけですよ。

IIKAE 88 ZUKAN

×
よけいなひと言

それどこで買ったの？

←

◎
好かれるひと言

参考までに買ったお店を教えてもらえるとうれしい

興味本位で聞きたいことは、
情報提供としてお願いしてみる

プライベートに関する話題については、まだまだ注意点があります。

たとえば、相手の趣味や生活についてあれこれ聞きたがるケース。女性の場合、相手のファッションや持ち物について、**「それどこで買ったの？」「いくらしたの？」「そのバッグどこの？」**といった細かいことから、**「休日は何をしていたの？」「旦那さんは何をしている人？」**といった立ち入ったことまで、平気で聞く人もいます。こういう人、実際にけっこういるのです。

本人が自分から話したがっているなら別ですが、仲良しのつもりの相手でも、気に障ることを聞けば険悪な雰囲気になります。「そんなことあなたに話す義理はない」と思われて距離を置かれるだけ。

もちろん相手のほうから、「このバッグいいでしょう？」と話題をふってきたら話したいサインなので、いろいろ聞いてみても構いません。でもそうでない場合に聞きたいことがあるなら、**「参考までに買ったお店を教えてもらえるとうれしいな」**というように情報提供としてお願いするのです。そうすれば、聞かれたほうも嫌な気はしないもの。

ただ、よほど親しくない限り、個人的な趣味のことを根掘り葉掘り聞くのは禁物です。そういう話も気兼ねなくできるほど距離を縮めたい場合は、まずは自分からプライベートの話をして心を開きましょう。

×よけいなひと言

お互いさまですからね

←

◎好かれるひと言

どこで折り合いをつけるか相談しましょう

「お互いさま」で片づけられると、どちらかに不満が残るたとえば、お得意様の要望で商品の納期を早めることになったとき。そのぶん値段を上げる交渉をしても、**「お互いさまですからね」**のひと言で片づけてしまうケースがあります。

発注する側には「いつもたくさん注文してるんだから、このくらいの無理は聞いてよ」という思いが、受注する側には「そっちの都合で振り回されているのだから、高く買ってよ」という思いがあります。

このような場面で「お互いさまだから」を使うと、「こっちも大変なんだからそっちも我慢して、お互い譲り合おうよ」という無言の圧力を感じる上に、**スッキリしない不満が残ります。**うやむやにしてゴリ押しするのは、印象を悪くします。そうしたストレスを感じることなく、少しでも気持ちよくスムーズに取引するためには、**「どこで折り合いをつけるか相談しましょう」**と単刀直入に言って、話し合うほうがいいのです。

コロナ禍で大変な状況になった方も多くいらっしゃると思います。契約やスケジュールが白紙になるなど、あらゆるところでこのような状況が起こっていたのではないでしょうか。

そんなとき、「緊急事態なんだからお互いさま」と言われ、当たり前のように要求に応じるように言われたらどうでしょうか。実際にはどうにもならないことでも、誠意をもって歩み寄る姿勢を示すことは、何よりも重要です。

第10章
聞き方

自分が誰かと1対1で話をしている場面を想像してみてください。相手の態度が、上から目線だったり、面倒そうだったりすると、一気に話す気が失せますよね。「話し方」はもちろんですが、「聞き方」にもその人の本音が表れやすいものです。

好印象を与える人たちは、「あなたの話をちゃんと聞いていますよ」と、相手にわかるように示す聞き方をしています。これはカウンセリングの根幹となるポイントでもあります。

話の内容に合わせた豊かな表情で、相手の話に興味を持って聞いていると、どんなに無口な方でも少しずつ口を開いていただけます。しかし、無表情で何の反応もせずただ座っているだけでは、その場にいることさえも嫌になってすぐに席を立たれてしまうでしょう。

「聞き方」ひとつで心を開いてくれる人もいれば、離れていく人もいます。うなずきや相づちを忘れず、豊かな表情で反応する習慣を身につけてください。

みんな、業務で困ったことや悩みがあるだろう…
もちろん業務以外でのこともあるだろう…
そんな時はいつでも私に
ドンッ
何でも言ってほしいっ
…はい…
あれ？おかしーなあ
？
誰も頼ってこんじゃないかー
つまんなー
それ資料ですね
持ちますよー
ありがとー
ここの仕様なんですが
ここね
こっちも頼んでいいー？

IIKAE 90 ZUKAN

×よけいなひと言

何でも言いたいこと言っていいよ

↓

◎好かれるひと言

困っていることはありますか？

「何でも言いたいこと言って」と言う人には逆に言いにくい

普段から愚痴や悩みを聞いてもらっている人とは、すでに何でも話せる良好な関係を育んでいます。反対に、普段から言いたいことが言えない人は、上下関係や利害関係があるなどの理由から、あえて距離を置いている人。もしくは、単に相性が合わないこともあります。

ですから、あえて「何でも言いたいことを言っていいよ」と言う場面は、「言ったら怒られる」「嫌われる」「試されてる」などのリスクを気にして、何も言えなくなっているケースが想定されます。

そのような中で、相手の悩みや困りごとを率直に話してほしい場合は、「○○の件で困っていることがありますか？」とか、「キャリアプランについてはどうしたいと思っているの？」と、**聞きたいことを具体的に伝える**ことです。でないと相手はなかなか言うことができません。相互交流が深まっていない関係の中で、「何でも」は範囲が広すぎて、かえって何を話せばよいか戸惑います。

社交辞令ではなく、実際に意見がほしい場合は、**「○○の件について意見をください」**と焦点を絞って言えば、意見をもらうことができるでしょう。

相手に「こうして」と求めるのではなく、**自分から「こうして欲しい」と伝える**のがポイントです。

IIKAE 91 ZUKAN

×よけいなひと言

なんとかなるよ

←

◎好かれるひと言

どうすればいいか考えよう

「根拠のない励まし」は無責任

ネガティブな話をしている人の聞き役になっているとき、よかれと思って**「なんとかなるよ」「まあ、大丈夫なんじゃない」**と**根拠のない励まし**をする人がいます。これは、195ページで言及した「評価的態度」と同じで、「上から目線」で相手の言動をジャッジしている、とても無責任な言葉です。

人によっては励ますつもりもなく、早く話を切り上げてほしくて、「まあなんとかなるよ」と言うケースもあります。こういう安直な態度をとる人は、人間関係で信頼を失いやすいタイプ。「なんとかなるよ」と言われても、なんとかならない悩みや困りごとがあるから、話を聞いてもらっているのです。この場合、言われたほうは、「この人にこれ以上話しても、他人事だと思って真剣に聞いてくれないだろう」と思ってしまいます。

困っている相手を本気で励ましたいなら、親身になって相手の話を聞きましょう。そして、必要であれば**「どうすればいいか一緒に考えよう」**と**同じ目線に立って**言葉をかけたほうが、誠意が伝わります。「なんとかなる」と思うのであれば、「何がどのようにうまくいくと考えられるからなんとかなる」のか、具体的に言わなければ伝わりません。

そこまでの根拠がなくても励ましたいなら、**「きみのことはいつも応援しているから。頑張ってほしい」**と言ってあげたほうが、相手も素直に受けとめてくれるでしょう。

IIKAE 92 ZUKAN

× よけいなひと言

ふーん へぇ

←

◎ 好かれるひと言

はい ええ

あいまいな相づちは、関心がない気持ちの表れ

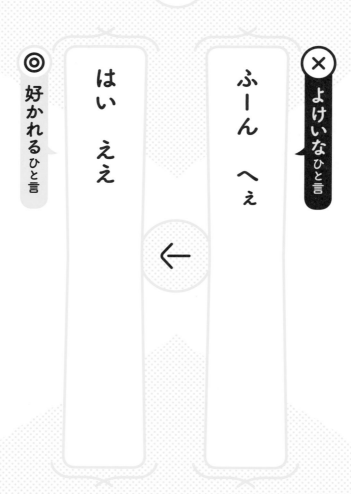

人の話を聞いていないと、「ふーん」「へぇ」といった、**気のない生返事**を繰り返しがちです。これは、「あなたの話はつまらない」「早くこの話題、終わってほしい」という気持ちの表れで、話している本人にモヤモヤとした不快感を与えます。

同じ返事でも、「へぇ!」と感心する言い方なら別ですが、そうでない「へぇ」を何度も繰り返して多用するのはNG。カウンセリングの場でも、「ふーん」「へぇ」といったあいまいな相づちは、使わないことが原則です。

どうしても話を早く切り上げてほしいときは、**「今は時間がないから、その話はまた今度聞くね」**と、はっきり伝えればいいのです。

途中で断るほどではないのなら、ちゃんと聞いている姿勢を見せること。そのためには話の合間で、**「はい」「ええ」「うん」「そうですね」**といった**〝言い切り〟の返事**をしましょう。

また、相手の話が横にそれたり急に変わったりして、何が言いたいのかわからなくなった場合は、「ところで○○の件でしたよね?」と、話を元に戻します。面倒だと思いながら聞いているのは、相手にも失礼です。疲れているときや、ほかに心配ごとがあるときも、人の話を聞くことは難しいので、「今、○○の状態で集中して聞くことができない」とはっきり伝えることが大切です。特にパートナーや子どもに対しては自分の現状を正直に伝えましょう。

IIKAE 93 ZUKAN

×よけいなひと言

聞いてる？

←

◎好かれるひと言

今の話で、わからないところはないですか？

「聞いてる？」は、「聞いてないでしょ？」の裏返しよっぽど親しい家族や親友でなければ、**「私の話、聞いてる？」**という高圧的な聞き方はしないと思います。ところが最近は、職場でも家庭でも誰もがスマホやパソコンばかり見ているため、話しかけた相手が自分の話を聞いているのかどうか、確認したい場面が増えているのも事実。では、身内でもない人にはどのような言いかえをすればいいでしょうか？

「聞いてる？」という言葉は、「聞いてないでしょ」の裏返しです。つまり、相手が話を聞いていないと思っているから逆説的に聞いている、ネガティブな言葉なのです。そう言われて相手がイラッと感じた場合は、聞いていなくても「聞いてるよ」と適当に返事することがありますから、どちらにしてもお互い不満が残るだけ。

「今の話、大丈夫ですか？」も同じです。「大丈夫じゃないでしょ？」という嫌みに取られる可能性も多いからです。

この場合、**「今の話で、わからないところはないですか？」**という聞き方をすると、ネガティブなニュアンスが和らぎます。**「責めている感じ」から、「確認しているニュアンス」に変わる**からです。

そうすると、「Aの話をもう少し詳しく教えてほしい」「だいたい理解できました」と、相手も返事がしやすくなります。

IIKAE 94 ZUKAN

×よけいなひと言

なぜそういうミスをしたの？

←

◎好かれるひと言

どうすればミスを防げる？

過去に起きたことを責めるよりも、未来に向けた話をミスや失敗をしたとき、自分がしたことを周りから責められることほど嫌なものはありません。誰でも、ミスや失敗をしたくてしているわけではありません。むしろ、「このやり方でうまくいくだろう」と思って進めたことが、思わぬミスや失敗につながってしまうのですから、悪かったことは本人が一番痛感しているのです。それを他人が、「なぜそういうことをしたの？」とか「どうして失敗したの？」と責めたり問い詰めたりしても、過去の時間を巻き戻してやり直すことはできないので、生産性のない不毛なやりとりになってしまいます。

それでも原因を追及しなければいけない場合は、**「今回のミスが起きた原因は何ですか？どうすれば今後ミスを防げますか？」**と、**「未来」にフォーカス**した質問をすると、聞かれたほうも素直に答えられます。

中には、短気な上司が仕事でミスした部下を、「何バカなことしてるんだ！」と一方的に怒鳴りつけてパワハラになるケースもありますが、部下の管理は上司の責任でもあります。

こういう場合も冷静に、「起きてしまったミスはどうしようもないから、原因を特定し、同じことを繰り返さないための対処方法を報告するように」と具体的な指示を出すと、スムーズに事が運びます。他人の過失に言及するときほど、感情が理性より先走らないための「自己コントロール力」が求められるのです。

×よけいなひと言

そういえば私もこんなことがあって

←

◎好かれるひと言

ちょっとだけ話してもいい？
私の話も思い出したの

話を横取りすると相手に不満と消化不良感が残る

人の話を聞きながら、自分の記憶や感情がよみがえってきたとき、相手の話をさえぎってでも話すべきかどうかというのは、賛否のわかれるところです。それが、ただの自己満足で終わるだけではなく、相手にとって役立つ情報やぜひ相手と共有したいことであれば、話しても問題ないというのが私の考えです。

ただ、言い方を間違えると話を横取りされたと思われますから、工夫が必要です。

悪い例は、203ページにも出てきたように相手が話している途中で、**「そういえば私もこんなことがあってさ……」といきなり割り込むケース**。こういう話の切られ方をされると、「私の話はまだ途中だったのに……」と消化不良感が残ります。一方、**「ちょっとだけ話してもいい？」**と断ったうえで、相手が「いいよ、なに？」と言ってくれたら、「今の話を聞いて私も思い出したことがあってね……」と自分の話をしてもOKです。

人の感情は話の内容とともに常に流れていくものなので、「そういえばさっき話していたAの件だけど、私も思い出したことがあって」と話題を戻しても、相手は同じテンションでは聞いてくれません。ですから、「今どうしても伝えたい」と思う話であれば、先に相手に断って、リアルタイムで話したほうが効果的です。その後はまた元の話題に戻して、会話の流れを一方的に変えないようにするといいでしょう。

IIKAE 96 ZUKAN

×よけいなひと言

その話、前にも聞きました

←

◎好かれるひと言

それは、〇〇の話ですよね。面白いですよね

予定調和が好きな人は、同じ話を繰り返したがる

同じ話を何度もする先輩や上司に、「その話、前にも聞きました」と単刀直入に言うと傷つけてしまいます。身内であれば、「その話は前にも聞いたよ」と言っても、「あ、そうだった？」で済む話ですが、特に上下関係がある場合にはそういうわけにもいかないもの。

もちろん、立場が上の人の同じ話を、何度も我慢して聞いてその場をやり過ごすのもひとつの方法。しかし、同じ話に何度も付き合いたくない人は、**「それは、以前お聞きしたAの話ですよね」**とすでに知っている話であることを伝えたほうがいいでしょう。

その後、**「その話は面白いですよね」「その話を聞いて、私も頑張ろうと思いました」**といった**感想をプラス**すると、相手も「自分の話を覚えてくれていたんだ」とうれしく思います。

同じ話を人に聞いてもらうたびに気持ちの整理ができて、相手の同じような反応を見ることで元気が出るという人もいます。こういう人は自己顕示欲や自己承認欲求が強いので、気持ちのゆとりがあれば話に付き合ってあげたほうが、良好な関係性を維持できるでしょう。

人間は予定調和が好きな生き物です。「この話をしたらこういう反応が返ってくる」ということがその通りになるのが心地いいため、**あえて繰り返して安心したい面もある**のです。自分の話を聞いてくれる人に好印象を抱きます。そのことを知っていると、少し話に付き合ってあげる余裕も持てるでしょう。

第11章 謝罪の仕方

「謝罪の三原則」があります。それは「事実を認めて」「シンプルに」「一分でも一秒でも早く」謝ることです。しかし、長々と言い訳をしてしまったり、ミスを隠して事態をさらに悪化させてしまったりするケースがよくあります。

たとえば、電車が遅れて約束の時間に遅刻したとしても、相手に迷惑をかけたことは事実ですから、真っ先に謝るのがマナー。ところが、謝罪が下手な人は、「電車が遅れたので」「自分は時間通りに出発したんですけどね」と、先に「言い訳」を並べてしまうのです。これはよくありません。心の中では「自分は悪くないのに」と理不尽な気持ちがあるかもしれませんが、不利益を与えた相手は腹を立てたり不機嫌だったりして、心を閉ざしてしまいます。まずは「謝罪」をして、受け入れてもらってはじめて、「言い訳」も聞いてもらえるのです。

正しく謝ることによって、好感度がアップすることもあります。適切な謝罪は、よりよい人間関係を育む方法のひとつなのです。

会議に遅刻してしまった!!
ガチャッ
おはようございますっ
遅れてしまい
バッ
申し訳ございません!!
分かった座りなさい
気をつけないと…
ってあれ?
となり…
ドンッ
遅れました〜っ
AHAHA
すみません〜ごめんなさい!!
君は出なくてよい
帰りたまえっ

IIKAE 97 ZUKAN

× よけいなひと言

すみません

←

◎ 好かれるひと言

申し訳ございません

ミスや失敗をしてお詫びするときこそチャンス

オフィシャルな場面で目上の人に対してお詫びする際、「すみません」「ごめんなさい」といった**軽い言葉で謝るのは、失礼にあたります。**

たとえばビジネスの会議に30分も遅刻してきた人が、「遅れてすみません。ごめんなさい」と苦笑いしながら入ってきたら、**「悪いと思っていないだろ……」**と思われて周りから冷たい目で見られるでしょう。気心の知れた友だちに謝罪するなら別ですが、仕事でミスや失敗をしたときに使う言葉ではありません。

また、ことあるごとに「すみません」を連発して悪びれない人に対しては、「本当は何も反省していないんだろうな」と感じてしまうものです。

一方、「申し訳ございません」という言葉には、「弁解や言い訳のしようがないほどすまないと思っている」という意味があり、**オフィシャルな言い回し**です。また、本気で謝罪する気持ちを伝えたいときに、**馴《な》れ馴れしい表現は避けたい**ところです。

ミスや失敗をしたときほど、「どういう対応をするのだろう?」と周りも気にするので、対応が試されます。そういう意味では「チャンス」でもあるので、適度な距離感、適切な言葉で、誠実かつ丁寧にお詫びすることを心がけるようにしてください。

謝罪の仕方次第で、好かれもするし、嫌われもします。真摯な姿勢を見せることが大切です。

IIKAE 98 ZUKAN

×

よけいなひと言

努力はしたのですが、
不可抗力で

←

◎

好かれるひと言

申し訳ありませんでした。
実はこういう状況でした

言い訳したい気持ちはぐっとこらえて事実を伝えて

謝罪の基本は「お詫び」です。電車が遅れて遅刻しても、**理不尽だと思うことでも、まずは頭を下げること**。「貴重なお時間をいただいたにもかかわらず、お待たせして誠に申し訳ありません」「間違った対応でご迷惑をおかけして申し訳ありません」と、まずは迷惑をかけたことについてお詫びしなければ何もはじまりません。

そのうえで、相手が話を聞いてくれる態勢になったら、「実は電車が30分止まって遅れました」「当方の引き継ぎ内容が間違っていたことがわかりました」と失敗やミスの**原因を端的に伝えます**。相手が立腹していて事情を話すような雰囲気ではない場合は、お詫びだけしたあと、あらためて手紙で謝罪文を送るなど適切な対処が必要です。

注意すべきは、「努力はしたのですが、不可抗力で」「できる限り早い対応を心がけたつもりだったのですが」といった気持ちや感情が含まれる**「言い訳」をしない**ことです。言い訳は責任転嫁と認識されやすく、拒否したくなるのが人の心理です。そのため、言い訳がさらに相手の怒りを買うことにもなりかねません。

一方、事実や状況だけ簡潔に伝えるのは、「実際に何が起きたのか?」を知りたい相手の欲求に応えることになるので、聞き入れてもらいやすくなります。謝罪するときは、「言い訳」したい気持ちをこらえて**「事実」だけ伝える**。この鉄則を忘れずに。

IIKAE 99 ZUKAN

× よけいなひと言

うっかりしていました

←

◎ 好かれるひと言

私の認識不足でした

「うっかりする」ことに対して悪びれない人に
仕事は任せられない

相手に迷惑をかけてしまったことを、どれだけ誠実な態度で誠意を持ってお詫びできるかで、明暗がわかれるのが謝罪です。そのことを意識していれば緊張感が高まって、軽率な言葉は口にできないはず。ところが、**「うっかりしていました」「忘れていました」**など、相手のことを軽んじて後回しにしていたことがわかる失礼な言葉を使う人が意外と多いのです。

たとえば取引先の重要書類を、部下が電車に置き忘れて紛失してしまったときに、「うっかりしていました」と謝ってきたらどうでしょうか？　「もうこの人に大事な仕事は頼めない」と思いませんか？

「知りませんでした」「聞いていませんでした」も同類です。このような**責任転嫁の言葉**からは反省の色が一切感じられないので、言われたほうは相手をもっと叩《たた》きたくなるのです。

一方、**「私の認識不足でした」「私の不徳のいたすところです」**といった丁寧な言葉遣いで、相手が「そこまで謝らなくても……」と思うほど大げさにお詫びをするとうまくいくケースは多いのです。しかし調子に乗って、相手が「もういいよ」と気遣ってくれたのをいいことに、まるで何事もなかったかのような態度をとる人は、善意を示してくれた相手に対して不誠実だと思われて信頼を失うことも。お詫びした後も気を抜くことなく、**「謙虚な姿勢」**を崩さないことが大事です。

×よけいなひと言

大変な思いをさせてしまい、申し訳ありません

←

◎好かれるひと言

混乱させてしまい、申し訳ありません

自分から「大変なこと」だと言うと火に油を注ぐことに

クレーム対応の謝罪でよくトラブルにつながるのが、「大変な思いをさせてしまい申し訳ありませんでした」という言い方です。

たとえば、「納品してもらった商品に表記ミスがあって現場スタッフが対応で混乱した」というクレームがあったとします。このとき、「それは大変な思いをさせてしまいまして」と返すと、**大変という表面的な言い回しでひとくくりにされた**と感じ、「こちらの状況をちっともわかってない」と火に油を注ぐことになってしまいます。

この場合は、**「スタッフの方々を混乱させてしまって申し訳ありませんでした」**と、相手の状況を理解したという言葉を入れて返事をすれば、話した内容をしっかりと受けとめてもらえた、こっちの言い分を聞いてもらった、という一定の安心感を与えられます。

クレーム対応の基本は、**相手がもっとも訴えたいことをきちんと捉えること**です。特に、気持ちを表す言葉や事実関係を説明する言葉は、しっかり取り入れること。

トラブルが起こったことに対する謝罪の気持ちも大切ですが、クレームを言ってきた側は、気持ちや思いをきちんと齟齬《そご》なく受けとめてもらうことを望んでいるケースが大半です。その気持ちに対して理解を示すことが、相手の安心感と納得感につながるのです。

IIKAE 101 ZUKAN

× よけいなひと言

来週、お詫びに伺います

←

◎ 好かれるひと言

お詫びに伺いたいので、本日お時間いただけますか？

呑気《のんき》な返事は“後回し感”がバレバレ

ミスやトラブルが起こったとき、原因が自分にある場合は、何をおいても真っ先に迷惑をかけた相手にお詫びするのが礼儀です。

先方からミスの報告を受けたのが忙しい時期だからといって、「来週、お詫びに伺います」などと呑気な返事をしたら、「そちらの件は後回しにさせてください」と言っているのと同じ。相手はますます腹を立てて、「もう来なくていいから」と関係を断たれる可能性もあります。

謝罪の対応の速さは、本当に申し訳ないと思っている気持ちの強さの表れです。相手も「自分たちのことを第一優先に考えて駆けつけてくれたんだ」と感じて、迷惑をこうむったことによる怒りや腹立たしさが収まる傾向があります。謝罪のスピードは、ミスやトラブルの内容が深刻であればあるほど重要ですから、**すぐに対面でお詫びしたいという意思**を伝えること。

もしも相手が、会いたくもないと思っているほど立腹していたり、遠方ですぐに行けなかったり、「わざわざ来られても困る」と言われた場合は、すぐに丁重なお詫び文を手紙で送るかメールして誠意を示してください。場合によっては、上長の名前で文書などを送付することも併せて行いましょう。そのときも、**「本来であれば直接お伺いしてお詫び申し上げるべきところ、失礼ではございますがまずはメールにてお詫び申し上げます」**という一文を入れること。謝罪では、こうしたスピード感ある細やかな対応が求められるのです。

IIKAE 102 ZUKAN

× よけいなひと言

こんなトラブルになるとは思いませんでした

←

◎ 好かれるひと言

そこまで重要性を把握できていませんでした

トラブルの責任が自分にある場合、
「そんなつもりはなかった」は通用しない

大手企業のＣＭが、不適切な表現だという理由で世間からバッシングを受けて放送中止になることがあります。そこまで大々的なトラブルでなくても、私たちの日常には、よかれと思ってやったことが思わぬトラブルを招いて、謝罪が必要になることもありますよね。そんなとき、あなたならどう対処するでしょうか？

「こんなふうに誤解されるとは思いませんでした」「まさかトラブルが起きるとは思ってもみませんでした」と、自分の思いをそのまま伝えてしまうこともあるかもしれません。しかし、トラブルの原因が自分にある限り、謝罪はまぬかれません。自分は間違っていないと思ったことがトラブルを招いて、「そんなつもりはなかった」と言い訳をしたくても、誰かに迷惑をかけてしまったら、お詫びしなければならないのは自分なのです。

こういうときは、**「そこまでの重要性を把握できていませんでした。私の認識と考えが甘く関係者の方々にご迷惑をおかけして申し訳ございませんでした」**と、**自分の非を認めて素直にお詫びする**のがベストです。

そして、また同じようなミスを起こさないためにどうすればいいか改善策を考えて関係者に報告すると、失敗の経験を次に活《い》かすことができます。

やるべきことをひとつひとつ対処できると、失敗が信頼につながることもあるのです。

第12章 SNS・メール

ビジネスでもプライベートでも、メールやSNSで連絡をとりあうことは今や当たり前。ただ、思わぬ落とし穴もあるので注意が必要です。メールやSNSによるやりとりは、対面の会話に比べて情報量が少ないため、誤解を招きやすいのです。

特に、ミスを詫びるなど言いにくいことや、ネガティブな内容が含まれるものは、メールやSNSで連絡を済ませようとすると誠意が伝わらず、トラブルの引き金になることが少なくありません。何でも安易にメールやSNSで済ませていると、地雷を踏んでしまうことも。

気をつけるべきポイントは、トラブルになった場合は、直接話すようにすること。「○○しないでください」など否定的な言葉を使わず、「○○してください」と肯定形で書くこと。「できれば今週までにお返事ください」といった〝あいまい表現〟で相手に答えを委ねず、「○○までにお返事お願いします。難しい場合はご連絡ください」と希望とフォローをセットで伝えること。この3つです。そして間違っても他人の批判や悪口を書かないことです。

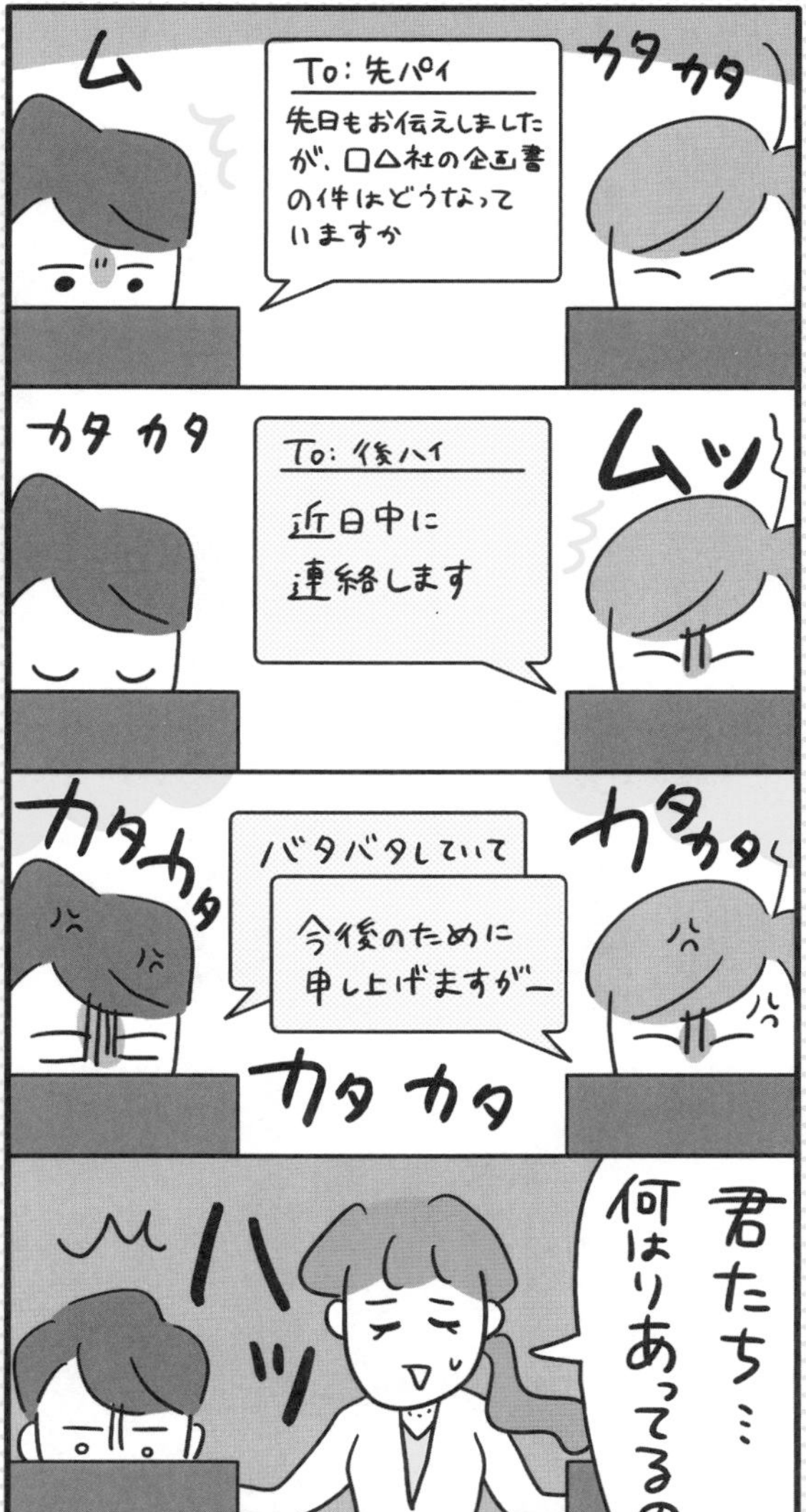
ム
カタカタ
To：先パイ
先日もお伝えしましたが、□△社の企画書の件はどうなっていますか
カタカタ
ムッ
To：後ハイ
近日中に連絡します
カタカタ
カタカタ
バタバタしていて
今後のために申し上げますが―
カタカタ
君たち…何はりあってるの
ハッ

×
よけいなひと言

先日もお伝えしましたが

←

◎
好かれるひと言

説明がわかりづらくて失礼しました

「先日」「前回」の内容を相手が覚えているとは限らない

わからないことがあって、メールで問い合わせをしたとき、回答の冒頭に**「先日もお伝えしましたが」**という一文があって腹が立ったことのある方は少なくないと思います。「先日もお伝えしましたが」という言葉から、「この前も言ったよね？　わからなかったの？　確認してないの？」という無言の圧力を感じ取るからです。

いきなり「先日の件」「前回の」と言われても、そのことについて頻繁にやりとりしていなければ、**すぐにパッと思い出せない**ことも。すると、「先日」や「前回」を確認するために、履歴をさかのぼる必要が出てきます。その時間と手間をかけることはイライラを招きます。

問い合わせしてきた相手に失礼がない返事をするには、あえてへりくだって**「こちらの説明がわかりづらくて失礼しました」**といった言葉をつけること。また、前回伝えた内容を省かず、詳細を再送するか改めて簡潔にまとめるなどして、そのメールだけですべてが理解できるように配慮してください。再送する場合は、「〇月〇日のメールにて送付済みのものを再送いたします」と加えれば、わかりやすいですし、こちらのミスではないことをさらっと伝えることができます。

他人が自分と同じように瞬時に物事を理解できるとは思わないこと。そのうえで相手を困らせないように配慮すると、より思いやりのある親切な対応ができるようになるはずです。

IIKAE 104 ZUKAN

× よけいなひと言

近日中に連絡します

←

◎ 好かれるひと言

今週金曜日までに連絡します

スケジュールの"あいまい表現"ほど
相手に迷惑をかけるものはない

スケジュールや数字に関するあいまい表現は、必ずと言っていいほど相手に迷惑をかけて、トラブルの元になりやすいもの。

仕事のやりとりの中で、「近日中にお返事します」「追ってまた連絡します」「検討します」と書かれたメールを受け取った経験は、誰にでもあると思います。そういう対応をされると、**「近日中っていつ?」「追ってって?」**と宙ぶらりんの状況が気になって、他の仕事の日程まで待機させられる場合もあります。あいまい表現は、それだけ相手にストレスを与えて迷惑をかけていることがわかっていない人が多いのです。

メールによく書かれている「今週中に」という言葉も、金曜日までか、土曜日までか、日曜日までなのか**人によって受け取り方が違います**。ですから、「今週金曜日までに連絡します」と具体的に表記しなければ、行き違いが起こります。同様に、「本日中に」も就業時間内の18時までなのか、その日が終わる24時までなのかでは、6時間も違ってきます。今はオンラインでのやりとりが多く、いつでも連絡が可能なために注意する必要があります。

それほど誤解を招きやすい表現ですから、特にメールやSNSで用件を伝える場合は、自分の「つもり」をすべて数字で具体化することがトラブル回避につながります。最後には、**「この日程で問題ないでしょうか?」**と確認して、相手の合意を得るようにしましょう。

IIKAE 105 ZUKAN

×よけいなひと言

バタバタしていて

◎好かれるひと言

対応が遅れて申し訳ありません

自分の忙しさをアピールしても損するだけ

連絡や対応が遅くなったとき、仕事の忙しさをアピールして、「今ちょっとバタバタしていて」「今取り込み中なので、その件はまた後ほど連絡します」と言い訳する人がいます。こういうことを言われると、「忙しいのはみんな同じでしょう?」「忙しいからといってこっちを後回しにしないでほしい」と思いませんか?

「バタバタ」という表現は、いかにも落ち着きがなく段取りが悪い人という印象を与えます。「ただいま取り込んでおりますので」という表現も同じで、自分の忙しい状況をいくらアピールしても相手にとっては関係のないこと。自分の行動を正当化したいつもりなら逆効果です。

一方、忙しくて対応が遅れてしまった場合でも、**「こちらの不手際で対応が遅くなり申し訳ございませんでした」**と、忙しさを言い訳にせずに**素直にお詫び**をする人は、誠実な印象を与えます。対応を待ってほしいときも、「少々お時間を頂戴しますが、この件につきましては金曜日までに対応いたします」と**〝具体的な予定〟**を伝えれば、相手もすんなりと聞き入れやすくなります。

自分の忙しさを言い訳にするのは、「他の仕事を優先して忙しいのであなたは後回しにしていました」と言っているのと同じ。**マイナスアピール**にしかなりません。相手に対する配慮の足りなさを象徴している言葉ですので、言わない習慣を身につけましょう。

IIKAE 106 ZUKAN

× よけいなひと言

させていただきます

←

◎ 好かれるひと言

いたします

「〜いただきます」を多用すると
恩着せがましく感じられてしまう

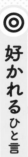

「○○させていただきます」と頻繁に書かれたメールを読むと、恩着せがましく思えることはありませんか？　何もお願いしているわけではないのに、「返信させていただきます」「連絡させていただきます」「検討させていただきます」といちいち書かれたらどうでしょうか。「こちらが頼んだわけじゃないけれど……」と思いませんか？

「させていただきます」は「させてもらう」の謙譲語で、「相手の許可をもらっていること」と「恩恵を受けていること」の2つの条件を満たす場合に使う言葉です。

たとえば、病気になったときに上司に会社を休む許可を得て、療養できる恩恵を受けたときに、「それでは今日は休ませていただきます」という使い方は適切です。しかし、多用するとやはり違和感を与えるので、同じような言い回しには工夫が必要です。

自分の行為を伝える場合は、**「返信いたします」「連絡いたします」「伺います」**というように、「いたします」「ます」でいいのです。

「させていただく」を丁寧な言い回し、相手をたてる表現と間違った認識で使っていると、多用してしまいがちなので注意が必要です。

過分な配慮の例では、**「よろしかったでしょうか」**もあげられます。今やりとりしていることを確認する場合、「よろしいですか」でじゅうぶんです。過度な言い回しは避けましょう。

IIKAE 107 ZUKAN

× よけいなひと言

お返事は週明けでけっこうです

↓

◎ 好かれるひと言

お返事は3営業日以内にお願いします

仕事の締切は「休日明け」に設定しないほうがいい

ビジネスパーソンがもっとも忙しい日は、1週間の締めくくりの金曜日と、次の1週間がはじまる月曜日です。そのため、連絡のやりとりも必然的に増えるのがこの2日なのですが、無神経な人は**金曜日に、「週明けに資料を送ってください」**というようなメールを送りつけることがよくあります。「週明け」というのは、ビジネスの世界では「月曜日」のことを意味します。

このような依頼をする人は、今日ではなく、「休日を挟んでゆっくり返事を戻してもらえばいいですよ」というつもりなのかもしれませんが、依頼されたほうは**「土日も働けっていうこと？」**と最悪な気分になります。

夏休みや年末年始前も同じで、相手に配慮するつもりで「納品はお休み明けで問題ありません」と長期休暇前に仕事の依頼をする人は、自己都合だけ考えて、相手に少なからず悪い印象を与えています。よほど急ぎの案件以外は、お休みを加味した猶予《ゆうよ》を示せるといいですね。

そうしたリスクを避けるためには、休日をカウントせずに、**「この案件を3営業日以内に納品いただけますか？」**という依頼の仕方がベター。

そして最後に、**「難しい場合はご相談ください」**とひと言書き添えると、配慮や気遣いが感じられます。そうすると、相手も「この方とは今後も仕事をしたい」と思って気持ちよく仕事を引き受けることができるのです。

IIKAE 108 ZUKAN

× よけいなひと言

ご理解いただけましたでしょうか

←

◎ 好かれるひと言

ご不明な点がございましたら、なんなりとお問い合わせください

「理解できましたか？」は
相手を見下した上から目線の言葉

相手からの質問や確認事項に返事のメールをお送りする際、結びの言葉として、「ご理解いただけたでしょうか？」といった表現を使ったことはないでしょうか？

特に相手がわからないことや困っていることに対して回答した場合、この結びの言葉は、「これであなたは理解できましたか？」と、相手を見下した上から目線の言葉でとても失礼ですから、言われたほうは大きな不快感を覚えるでしょう。また、理解できたかできなかったかを問うのは、21ページでも説明したように「イエスかノー」でしか答えられない〝クローズドクエスチョン〟ですから、一方的なマイナスイメージを相手に与えてしまいます。

このケースの好かれるひと言は、**「こちらの説明が不十分で何かご不明な点がございましたら、なんなりとお問い合わせください」**という一文です。このように言いかえると、「わからないことがあればまた相談しよう」と思えるので相手は安心感があります。また、「こちらの説明が不十分で」という言葉を加えると、自分を立ててもらっていると感じて相手が気持ちよくやりとりできます。

その後で、「おかげさまで理解できました」と返事があったら、**「それは何よりでした」「お役に立ててうれしいです」**と返しましょう。「それはよかったです」と書くと、また「良い、悪い」で相手を評価する態度になるので、気をつけてくださいね。

IIKAE 109 ZUKAN

×よけいなひと言

今後のために申し上げます

←

◎好かれるひと言

ご参考までにお伝えいたします

「今後のために」は嫌みに聞こえてしまう

今後の仕事をスムーズに進めてもらうために、相手がわからないことを説明する必要に迫られることがあります。こちらが相手に教えてあげる立場になると、どうしても〝上から目線〟になりがちなので、言葉遣いには慎重にならなければいけません。

いかにも相手を見下していて、脅しているようなニュアンスがあるのは、「今後のために申し上げます」という一文です。これは、「今後あなたにきっちり仕事をしてもらうために、今から説明することをよく聞いてくださいよ」という押しつけがましさと圧力があり、嫌みに感じられてしまいます。

会社独自のシステムや業務の進め方などについて、相手に理解してもらわなければ業務に支障をきたすと考えられる場合は、**「ご参考までにお伝えします」**と、**前置きをやわらかい言葉に書きかえる**と刺々《とげとげ》しさがなくなります。

そのうえで、「当方ではこのようなツールを活用して業務を進めております」「このような料金設定で取引しております」と説明したあと、「この点につきましてご理解ご協力をいただけますよう、何卒《なにとぞ》よろしくお願い申し上げます」と丁重な文面のメールを送ると、謙虚な姿勢が伝わります。すると相手も尊重されていると感じて、「そういうことか。わかったよ」と納得しやすくなるものです。相手を立てて、配慮する姿勢を忘れないでください。

IIKAE 110 ZUKAN

× よけいなひと言

突然メールをお送りして申し訳ございません

←

◎ 好かれるひと言

突然のメールで失礼いたします

はじめて送るメールだからといって
過剰にへりくだる必要なし

はじめてメールを送る相手に、必要以上に恐縮してお詫びの言葉を並べる人がいます。「突然、メールをお送りして大変申し訳ございません」「突然のメールをお送りする失礼をお許しください」といった文面です。

けれども、仕事に関する用件ではじめて連絡するのは悪いことではありません。むしろ、新規の仕事の依頼をいただく人にとっては「何だろう？」と興味を持つお知らせでしょう。

そのため、**過剰にへりくだったり謙遜したり、自分を卑下までする必要はまったくない**のです。それが逆効果となって、受け取ったほうが恐縮して引いてしまう可能性もあります。

もちろん、朝早い時間や夜遅い時間にはじめて連絡をすると、「こんな時間に何の用だろう？」と警戒されることもあるので、「夜分遅くに、突然のメールをお送りして申し訳ございません」と、失礼をお詫びするのは礼儀のうちです。しかし、基本的には、「突然のメールで失礼いたします」と前置きするだけで問題ないでしょう。

逆の立場で、依頼されたことを断らなければならないとき、**「せっかくいただいた機会を無駄にした自分が、あまりにも情けなくて腹が立ち……」**などと、重大な罪を犯したようなお詫びの長文メールを送る人がいます。それもやり過ぎると、「本気でそこまで思ってないでしょ」と相手をシラケさせてしまうので、何事もほどほどに。

IIKAE 111 ZUKAN

×よけいなひと言

ご承知おきください

◎好かれるひと言

ご了承のほどお願い申し上げます

「ご承知おきください」には高圧的なニュアンスが

取引先に送るビジネスメールで用件を伝えた後、**「ご承知おきください」**と書くのは相手に対して**とても失礼**です。この言葉には、「メールした内容はあらかじめよく理解しておいてください」「こちらが言ったことは了承したうえで今後の対応をしてください」と、一方的に要望を押しつけている高圧的なニュアンスがあるからです。

一例をあげると、「当方の事情によりセミナーの予定を一部変更することをご承知おきください」「夏期休暇のため○月○日まで対応できませんのでご承知おきください」といった一文です。このようなメールを、自分より立場が上の人や、お客様の立場の人が受け取ると、「休むのはそちらの勝手なのに圧をかけられても……」とイラッとするものです。

どんな相手に対しても失礼がないように、理解をうながして納得してもらうためには、**「腰を低くすること」**を意識してください。

たとえば、「誠に勝手ながらご了承くださいますよう何卒よろしくお願い申し上げます」「ご理解ご協力のほど何卒よろしくお願いいたします」「お含みおきくださいますようお願い申し上げます」といった言葉を使うといいでしょう。

こちらからお願いするのですから、お願いするほうがへりくだって相手のことを立てるのは当たり前。丁寧な表現を心がけてください。

× よけいなひと言

了解しました

←

◎ 好かれるひと言

かしこまりました

取引先や上司に「了解しました」はNGワード

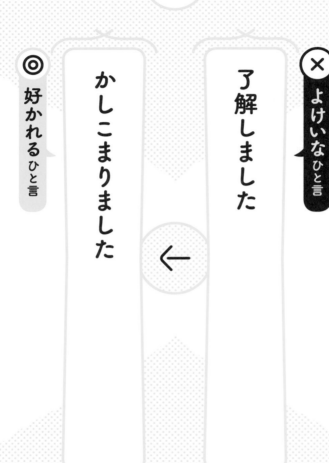

「了解」という言葉は、とても便利です。「了解です」「了解しました」はメールだけでなく、LINEのスタンプにもたくさんあるので、気軽に使っている人も多いのではないでしょうか。この言葉は、「わかりました」「理解しました」という意味の丁寧語なので、相手に不快感を与えるほどの言葉ではありません。

しかし、ビジネスメールとなると話は別です。

「了解」という言葉にはへりくだった意味合いが含まれていませんから、自分と同世代か立場が下の人に使うことには適しています。けれども、上司や取引先に対して使うと**対等なニュアンス**があり、失礼だと感じる人もいるのです。

上司の指示や取引先からの依頼に対して返事をする場合は、指示されたことや依頼を謹んで承諾するという意味を持つ**「かしこまりました」「承知いたしました」**を使うほうが適切です。こちらのほうが、相手に対する敬意を払っている言い方になります。

特に、「かしこまる」は相手に対する、おそれ敬う気持ちを表す意味合いがあります。そのため、相手が自分よりも立場が上で、特に配慮が必要な場合には、「かしこまりました」がより丁寧です。「承知いたしました」も「承知しました」の謙譲語ですから、問題ありません。

ビジネスメールの返事を、**SNSのようなノリで返さないように注意**してください。

×よけいなひと言

体調を崩さないように
お気をつけください

←

◎好かれるひと言

お健やかにお過ごしください

結びは「ポジティブ」な言葉で読後感よく終わるように

送ったメールを相手に気持ちよく読んでもらうためには、**ネガティブな表現をできる限り避けた文面**にすることが大切です。

「言霊《ことだま》」という言葉が昔からあるように、言葉には魂が宿るという考えがあるので、メールの文章も〝肯定的でポジティブな言葉遣い〟のほうが、読み手によい印象を与えます。

ところが冬本番になると必ず、「寒さ厳しき折、風邪など召されませんようにご自愛ください」と書き、暑い季節になると、「猛暑の折、夏バテなどされませんようにお気をつけくださ い」といった結びの言葉を書く人がいます。

何の病気もしていない元気な人にとって、わざわざネガティブな心配をされるのはいい気分はしません。実際に体調を崩している人にとっては、暗い気分になってしまう可能性もあります。「お幸せに」というところを、あえて「不幸になりませんように」とは言いませんよね。

「急に寒くなりましたが、お健やかにお過ごしくださいませ」という結びであれば、思いやりを感じるポジティブな言葉なので、相手も気分よく読み終えることができます。わざわざ体調のことに触れなくても、**「またお目にかかれますことを楽しみにしております」**と最後に添えるだけで、読んだ人は気持ちよく感じるものです。

メールの文章でも、読後感を大切にすることを心がけたいですね。

第13章 マイナス意見

他人の仕事や言動に対して「マイナス意見」を伝えたいとき、相手を傷つけずに上手に伝えるにはどうすればいいのでしょう？　つい責めるように言ってしまっていませんか？

このような悩みは、社会経験が長くなればなるほど増えてきます。うっかりキツい言葉を使うと、相手を傷つけたり怒らせてしまったりして、トラブルになりがち。相手を不快にさせることなく、マイナス意見でも言いたいことを伝えて、理解してもらう工夫が必要です。

その際に、覚えておいてほしいのは、相手のことを「よいか／悪いか」「正しいか／間違っているか」で一方的に判断して、〝上から目線〟で評価しないということ。

人には誰でも、自分のことを受け入れてほしい、認めてほしいと思う「承認欲求」がありますから、まずは相手の言い分を受けとめましょう。そして、「そう思ってたんだね」といったん認めたあとで、自分の意見を返します。そういう姿勢を示せば、たとえマイナス意見でも素直に聞いてもらえる可能性が高くなるのです。

この企画、一回やってみる？
えっ いいんですかっ
ま、君はできないと思うけどね～
ま、やってみ～
ずしっ
また部長め～
やってみてわからないことがあったら聞くよ！
君ならできると思うよ!!
ワッショイ
僕なんか…
どうせ…
よよ
ワッショイ
よよ
僕…がんばってみます!!
GOOD JOB!
よかったー
よし!!

IIKAE 114 ZUKAN

× よけいなひと言

あなたには、まだできないと思うけど

←

◎ 好かれるひと言

やってみてわからないことがあれば聞いてね

最初から「できない」と決めつけられたらやる気がダウン

新入社員や中途入社してきた社員に仕事を教える際、**「わからないと思うけど」「できないと思うけど」**と、わざわざ前置きするとよけいなプレッシャーを与えてしまいます。

新しい仕事を覚えるとき、できないことやわからないことがあるのは当たり前です。ハードルを下げてあげたいという気持ちから出る言葉かもしれませんが、言われなくても本人が一番わかっていることですから、「最初からできないと決めつけるなら、やらせなければいいのに！」と腹を立てる人もいるかもしれません。

仕事を覚えはじめたばかりの部下や後輩のことを気遣うのであれば、**「やってみてわからないことがあれば聞いてね」「できないこともあるかもしれないから」**と声をかけて、いつでもサポートする態勢ができていることを伝えれば、本人も安心して仕事に取り組むことができます。

まだ経験の浅い人に、難しい仕事を任せてみたいと思ったときも、「これは今まで経験がない仕事だと思うけど、きみならできると思うからぜひ頑張ってほしい。困ったことがあったらいつでもサポートするから」と言えば、「よし、じゃあチャレンジしてみよう」と前向きにとらえやすくなります。

多少心配や不安がある場合でも、**「マイナス」ではなくあえて「プラス」の声かけ**をすれば、相手がやる気を失うことはまずないでしょう。

×
よけいなひと言

その考え方、間違ってるよ

←

◎
好かれるひと言

僕はこういう考え方なんだよね

相手の意見を頭ごなしに否定しても何のメリットもない

会話はキャッチボールと同じです。「そんな球はとれないよ」「そのやり方は違うでしょ」とばかりに、相手から飛んできた球をはじき返せば、誰でも「せっかく投げた球なのに！」とムカつきます。相手が話したことを、「その考え方、間違ってるよ」と**全否定**するのも、まさにそのパターン。たとえ、相手の言っていることが間違っていると思っても、飛んできた球（言葉）はいったんキャッチするのが、会話上手な人のルールです。

どんな人にも必ず承認欲求があります。話を聞いてあげるだけで満足する人は多いのです。話を聞いてもらって満足した人は、たとえ違う意見を言われても聞く耳を持とうとします。

ですから、**「きみはそういう考えなんだね」「へぇ、そういうふうに思ってるんだ」**と、まずは相手の言葉をキャッチすること。その後で、**「僕はこういうふうに考えているんだけどね」**と、自分の変化球を投げてみるのです。

「そうはいっても自分の考えのほうが正しいから」「考えが違うからいくら言っても無駄だね」と聞く耳を持たずに自己主張を押しつけると、そこでキャッチボールは終わってしまいます。

どんなに意見が食い違ったとしても、**「I'm OK, you are OK」**（＝私も正しいし、あなたも正しい）のスタンスで、相手の意見も尊重しながら自分の考えを伝える。すると、会話を上手に楽しめるようになるのです。

IIKAE 116 ZUKAN

× よけいなひと言

いい年をして挨拶もできないの

←

◎ 好かれるひと言

挨拶はしましょう

年齢や性別を理由にするのはハラスメントになる可能性大

自分の部下が、やるべきことをやらなかったり、できると思っていたことができなかった場合、**その人の属性を引き合いに出して嫌みを言う人**がいます。

「いい年をして挨拶もできないの」「もう30代なんだから、このぐらいの仕事はさっさとできないと」といった年齢を引き合いに出す言葉。「子育て中のママには任せられない」「男のくせに根性がない」といった性差別はハラスメントになる可能性大の言葉です。

「もうベテランなんだから」「もう大人なんだから」も同じで、ベテランだろうが大人だろうが、できることとできないことは人によってバラバラです。それなのに自分の偏った価値観で、相手を評価したり差別したりするのは大きな問題。こういった例は、無意識のうちに人を言葉で傷つけている人の特徴でもあります。

挨拶をするように注意したいなら**「挨拶をしましょう」**、仕事のペースを早めてほしいなら、**「この仕事は明日までに終わらせてほしいので、問題があれば相談してください」と用件のみ伝えればいい**のです。

頼りない部下に、もっと責任感を持って仕事してほしければ、「自分の仕事には責任を持って取り組んでください」と意識づけする声かけを。偏った考え方や価値観の押しつけは、自分の首を絞めることになりかねませんので気をつけてください。

×よけいなひと言

やっぱりダメだったね

←

◎好かれるひと言

よく頑張ったのに残念だったね

「やっぱりダメだね」はあまりにも冷たい残酷な言葉

他人のことを否定するのが習慣になっている人は、無意識のうちに相手を傷つける言葉が口からポンポン飛び出します。「やっぱりダメだったね」「こうなると思ったよ」「そんなことだろうと思った」というのもその典型的な例。

これは相手に対して、「もともとダメだろう」とマイナス評価をしていたことが明らかにわかる失礼な言葉です。言われた人はただでさえ結果が悪くて落ち込んでいるところ、傷口に塩を塗られるような痛みを感じてしまいます。「やっぱりあなたはダメな人間なんだ」とレッテルを貼られることほどショックなものはありません。期待に応えたいと思って頑張った人ほどダメージを受けます。

好かれる人は、「よく頑張ったけど残念だったね」と、**相手の労をねぎらったうえで自分の気持ちを伝えます**。

いい結果が出たときに、「やっぱり合格すると思っていたよ」とほめ言葉のつもりで言う人がいますが、「思ったとおり」の意のほかに、「案の定」自分の予想どおりという、自分が正しかったことを誇張する表現でもあるので、嫌みに捉えられる可能性もあります。

もし、頑張ったことをほめるなら、**「すごく勉強を頑張っていたから合格してうれしい」**と、結果に対する気持ちを伝えたほうが相手の心に届きます。

IIKAE 118 ZUKAN

× よけいなひと言

そんなことで悩むなんて

◎ 好かれるひと言

どういうことで悩んでるの？

他人の悩みを「そんなこと」と決めつけないで

人の悩みの度合いは他人にはわかりません。はたから見るとたいしたことがないような悩みでも、本人にとっては深刻で、夜も眠れないほど気に病む問題があるのかもしれないのです。それを**「そんなこと」と些末《さまつ》なこと扱いするのは自分勝手**で、相手にとってはよけいなお世話。さらに「そんなことで悩んでるの？」「そんなことを気にしているの？」などと責められでもしたら、追い打ちをかけられたような気分になって、「こんな人に悩みなんか言わなきゃよかった」と思われてしまいます。

自分にとっては「どうでもいい」と思うことでも、相手に対してその態度を見せるのはタブーです。もしも相手が何をそんなに悩んでいるのかわからないなら、**「どういうことで悩んでいるの？」**と聞いてみてください。

友だちとケンカして落ち込んでいる人だったら、「心にもないことを言ってしまって謝りたい」と悩みの本質を打ち明けてくれるかもしれません。そういう話をしてくれたら、「そうなんだ、謝りたいと思っているんだね」と気持ちを受けとめればいいのです。相手も、「どんなふうに謝ろうかな？」と、次の一歩を考えるきっかけにもなります。

仕事、恋愛、家庭のことなど、悩みごとはどんなことも当事者にとっては深刻な問題です。**「決めつけない、軽々しく考えない」**を守って、相手に向き合うようにしてくださいね。

IIKAE 119 ZUKAN

×よけいなひと言

口で言うのは簡単だよね

←

◎好かれるひと言

実行するにはどうすればいいだろう？

言葉でプレッシャーやダメージを与えないこと

夢や目標や、やりたいと思っていることについて話をした相手から、「口で言うのは簡単だよね」と切り捨てられたら、どんな気持ちになるでしょうか？　せっかくやる気になっているところに冷や水を浴びせられて、意欲をそがれてしまうのではないかと思います。

「言うは易《やす》し、行うは難《かた》し」と昔から言われるように、行動に移すのが大変なのは本人が一番よくわかっていること。わざわざ他人がよけいなプレッシャーを与える必要はないのです。人によっては、「口で言うだけで、どうせ実行できないでしょう」という意味にとらえて、悪質なマウンティングだと思われる可能性も。ケンカを売っているようなことにもなりかねません。

相手の背中を押したいなら、**「やると決めたなら、あとは実行あるのみだね！」**とか、**「いい話だね。実行するにはどうすればいいだろう？」**と前向きな声かけをするといいでしょう。

「こんな大変なことがあったから、なんとかしなくちゃ」と、マイナスな出来事に直面して奮起しようとしている人の場合、「大変だね。でも自分でまいた種だからね」と、自業自得的な言葉で切り捨てるのはもっと酷《ひど》い対応です。

この場合も、**「解決するにはどうすればいいか考えよう」**とポジティブな言葉を返さなければ、ますます相手にダメージを与えて人間関係にヒビが入ることも。相手のやる気を邪魔するような言葉には要注意です。

IIKAE 120 ZUKAN

×よけいなひと言

見かけによらず、すごいね

←

◎好かれるひと言

それができるなんて、すごいね

仕事や人間関係に「見かけ」を持ちこまないで

見た目の印象で相手のことを「こういう人だろう」と決めつけがちな人は、意外な一面や想定外の行動を目にしたとき、**「見かけによらずすごいね」**と言ってしまうことがあると思います。たとえば、おとなしくて黙々と仕事をこなす後輩のことを、「見かけによらず仕事ができるんですよ」と取引先に紹介したり、料理しないように見える人がお弁当を持ってきていると、「見かけによらず家庭的なんだね」と言ってしまったり。

これは、もともとマイナスイメージだったことがプラスに変わったことを意味するほめ方なので、相手は素直によろこべません。

もっと最悪なのは、見た目でプラスだと思い込んできたことがイメージと違うとマイナス評価になって、「見かけによらず数字に弱いんだね」「見かけによらず落ち込みやすいんだね」などと悪く言うケース。これは、想定した以上にできないと相手を否定している言葉です。相手を傷つける言いまわしなので、度重なればパワハラで訴えられても仕方ありません。

思い込みで人を決めつけて、その思い込みを基準に人を評価するのをやめましょう。偏った価値観は、相手を不快にさせることにつながります。プラスの印象を受けたなら、**「それができるなんてすごいね」「優秀だね」「家庭的なんだね」**と**そのままプラスの感想だけ伝える**のがベスト。マイナスの印象をわざわざ伝えるのは、何もいいことがないのです。

第14章 子育て

カウンセラーの仕事をしていると、子育てに関する相談を受けることも少なくありません。思いが強ければ強いほど、「見守ること」「待つこと」は難しく、つい先回りして指示してしまうことも多いでしょう。心配のあまりに、失敗しないよう前もって声かけしたくなる気持ちもわかります。

しかし、身に危険が及ぶようなことは別として、失敗で学ぶことは多く、小さな失敗を繰り返すことこそが成長につながります。ですから、先回りして声かけするのではなく、失敗してもフォローできる態勢を整えておくことが大切です。

子どもは、親の所有物ではありません。親子といえども、違う人間です。親の価値観を一方的に押しつけないこと。そして、「親のために」ではなく、「子ども自身が自分のために」やるべきことを増やしてあげること。親も子どもと共に成長していかれるといいですね。

もうっ早くしなさい
ガミガミ
お母さん仕事遅れちゃうでしょ
まってー
お花かわいー
本当にこの子はダメねー
イライラ
先生お願いしますっ
わーん
はい
胸がチクチク…
行こうか
石みてるの！
いやっ
じゃあ1つ選んで先生に見せにいこっか！
おはようございます
素敵だわ…
おはようございます！
みてー
いしー！

IIKAE 121 ZUKAN

× よけいなひと言

早くしなさい!

◎ 伸びるひと言

宿題は30分で終わらせようね

「〇〇しなさい」は子どもの自主性を阻害するNGワード

出かける仕度をしているときや、外出先で子どもがぐずって言うことを聞かないとき、「早くしなさい！」「早く早く！」「早くしないと置いていくよ！」などと急き立ててしまう親御さんはいると思います。モタモタしている子どもにイライラして、つい当たってしまうのだと思いますが、「早くしなさい」は**子どもの自主性を阻害するブラックワード**のひとつ。それほど急いでいるなら、まずは親が段取りよく余裕を持って行動して、本人ができないことは手を貸してあげたほうがいい時期もあります。

先を急ぐ必要はないけれど、本人にもっと早く行動してほしい場合は、「宿題は30分で終わらせようね」「7時30分までにお着替えしようね」というように、時間の早さを具体的に指示して**「一緒に○○しよう」**という声かけをするといいでしょう。

大人が難なくできることでも、子どもはできないことのほうが多いもの。成長にも理解の早さにも個人差があります。のんびり屋さんとせっかちさんなど、性格の違いもありますから、同じことができる子とできない子がいて当然なのです。

それを、できないことが悪いような言い方で急かしたり怒鳴ったりすると、子どもはますますやる気をなくす一方です。子どもができることをひとつずつ認めてあげて、**できるレベルのことを〝具体的に〟指示する**と、行動をうまく導いてあげられるようになると思います。

× よけいなひと言

おもちゃはダメ！

←

◎ 伸びるひと言

おもちゃは誕生日に買おうね

「ダメ」と禁止するほど、子どもの自己肯定感が低くなる親に甘えたい年頃のまだ小さい子どもは、自分の欲求を通すためにわがままを言ったり、駄々をこねたりすることがあります。特に未就学児から小学校低学年は、「あれ買いたい」「これがしたい」と思ったままを口に出すので、「ダメダメ！」と頭ごなしに否定する親御さんも。

もちろん、子どもや周りにいる人の危険を感じたときに、「そっちは危ないからダメ！」などと注意するのは問題ありません。しかし、本人の言動を何もかも「ダメ」と強い言葉で切り捨てると、「自分はダメな人間なんだ」と思い込んで自信をなくし、**自己肯定感が低い人間**になっていきます。

子どもの自尊心を潰さないように「ノー」を伝えて、納得させるためには、**あらかじめ「ルール」を決めておく**とスムーズにいきます。たとえば、「おもちゃは誕生日とクリスマスだけ買う」と決めておけば、他の日に「買って！」とせがまれても、「おもちゃは誕生日に買おうね」と約束に戻れます。一方的ではなく、相談して折り合いをつける方向で話をしましょう。**「ダメ」**と否定するのではなく、**「〇〇しよう」**と肯定形で物事をとらえれば、子どもも前向きに行動しやすくなります。

ルールを決める際は、そのときのノリや感覚ではなく、親子ともに守れる範囲のハードルを下げたものに設定しましょう。子どもだけでなく親も約束を守ることが大切です。

IIKAE 123 ZUKAN

× よけいなひと言

ママの言う通りにすればいいの

←

◎ 伸びるひと言

ママはこう思うの。
○○ちゃんはどう思う?

親の支配下で育った子どもは自立できなくなる

子どもを潰してしまう親に共通するのは、何でも口出しする点です。「ママの言う通りにすればいいの」が口癖の親の支配下で育てられた子どもは、自分で考えることを放棄し、主体性がなくなり、親の顔色ばかり気にして自立できない人間になります。

反対に、自分で考え行動できる子どもを育てる親は、**「ママはこう思うの。○○ちゃんはそう思うんだね。じゃあ、○○ちゃんはどう思う？」**と、本人の考えを尊重します。その上で、「○○ちゃんはどう思う？」ママの考えとどう違うか考えよう」と話し合うのです。

たとえば、「ぼく、勉強できなくてもいい」という子どもに、「勉強ができると、わかることが増えて楽しくなるから、今は頑張ったほうがいいと思うよ」と親が言ったとします。それに対して、「でもサッカーもゲームもやりたいから」と子どもが返してきたら、どう答えるでしょうか？

そこで否定するのではなく、**「じゃあ、1週間で何をどのくらいやるか相談して決めよう」**と提案し、一緒に計画を立てましょう。

大事なことは、**子どもの主張をいったん受けとめて、その理由を聞くこと**。そして親の意見を伝えて、何をどうするか相談して最後は本人に決めさせることです。約束したことを守れなかったときはどうするかまで、しっかりと本人と話し合って決めておくとベストですよ。

IIKAE 124 ZUKAN

×
よけいなひと言

勉強しなさい

←

◎
伸びるひと言

勉強しよう

「勉強しなさい」と言えば言うほど勉強嫌いになる

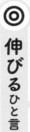

親の子どもに対する「押しつけ」は、子どもの成長に悪影響をおよぼすだけです。デメリットしかありません。

中でも「勉強しなさい」は、子どもをますます勉強嫌いにする代表的な押しつけ言葉ですが、無意識のうちに日常的に口にしている親御さんは多いのでは？

「勉強しなさい」と言われてイヤイヤながら机に向かっても、**「やらされている感」**があると勉強がはかどらず頭にも入ってきません。それでも親に叱られたくないために、宿題をかくしたりカンニングしたりと、ずる賢いことをする子どもも出てきます。いずれにしても、本人がやる気のない勉強ほど非効率なものはないのです。

子どものやる気を引き出す親の声かけは、**「〇〇しなさい」ではなく「〇〇しよう」が基本**です。そして、**親も一緒に取りかかることが重要**です。

まずは、お膳立てをすること。子どもが自分で段取りができるようになれば、親は自分の仕事や趣味など別のことをしていてかまいません。本を広げる、パソコンで作業するなど、子どもと一緒に取り組む姿勢が大切です。そのためには、独立した子ども部屋ではなく、リビングやダイニングを活用すると、無理なく続けられると思います。

習慣になるまで、忍耐強く伴走することです。

IIKAE 125 ZUKAN

× よけいなひと言

ちゃんとしなさい

←

◎ 伸びるひと言

動き回らないで椅子に座っててね

「ちゃんと」「しっかり」には具体的な指示語をプラスする

35ページでも説明したように、大人も言われて困るのが「ちゃんとして」「しっかりして」という漠然とした言葉です。相手が子どもだとなおさらのこと。

何をどうすればいいのかさっぱりわからない**〝あいまい言葉〟**だけでいくら注意しても、こちらが望むような結果は期待できないでしょう。この場合、子どもが理解できる言葉で、やるべきことを**〝事細かく〟指示する**のがポイントです。

たとえば、商業施設で走り回っている子どもに「ちゃんとして」と言っても、**「何をどうすればいいのかわからない」**ので、いったんは動き回ることをやめても、また同じことを繰り返す可能性が高いと思います。

もし、親が子どもに少しの間おとなしく椅子に座っていてほしいと思っているなら、「ひざとひざをくっつけて座り、5分のあいだ、お口を閉じておいてね」と具体的な行動まで指示を出す必要があります。

時間を理解できなかったとしても、具体的な数字を使いましょう。また、このとき、絵本など子どもの興味を示すものがあれば、なおよいと思います。

このように、「ちゃんと」「しっかり」などの〝あいまい言葉〟には、必ず具体的な指示語をプラスするのがルール。そのひと言があるかないかで、理解度が変わるのです。

IIKAE 126 ZUKAN

× よけいなひと言

だから言ったでしょ

←

◎ 伸びるひと言

次からは気をつけようね

「だから言ったでしょ」は子どもを支配する言葉

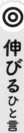

大人でも人から言われてイヤな言葉はたくさんあります。中でもムカッときて恨めしい気持ちになるのが、**「だから言ったでしょ」**と失敗したことをバカにして、自分の正当性を主張する言い方です。成長過程にある子どもはなおのこと、できないことやわからないことはたくさんあります。それをいちいち、勝ち誇ったような顔で、「だから言ったでしょ！」「ほら見たことか」と冷たく突き放されたら、自己嫌悪に陥って自信をなくす一方です。

「だから言ったでしょ」と子どもを責めるのは、「私の言うことを聞かないから失敗した、従わないあなたに問題がある」と決めつけているのと同じです。これは、子どもの成長を阻害する人格否定の言葉なのです。そう言われて育った子どもは親の顔色ばかりうかがって、言いたいことを言えない大人になる可能性があります。

子どもを潰さないためには、**「次からは気をつけようね」**のひと言でＯＫ。「自分でやる！」と言い張って失敗したのであれば、**「どうすればうまくできたと思う？」**と聞いてあげてください。そうすれば、自分で考える力が身につきます。

子どもは親の分身ではありません。別の人格を持つ人間ですから、思い通りにならないのは当たり前。そこを勘違いして親が高圧的に支配したり、権力で縛りつけたりすると、将来その子どもにマイナスの反動が出てきます。失敗も成長のひとつなのです。

IIKAE 127 ZUKAN

× よけいなひと言

100点とってえらいね

←

◎ 伸びるひと言

毎日、勉強を頑張っていたからね

「よくできないあなたのことは評価しない」という意味にも

子どもにとって、親は絶対的な存在です。その親に認めてほしいと思うのは当然のこと。それを満たす親の関わり方は、**「ほめる」「認める」「感謝する」「労う」**です。ですから、できたことをほめるのはとてもいいことですが、ほめる言葉に〝評価〟が加わると、意味が変わってしまいます。

「100点とってえらいね」は、「100点とったあなたはえらい」という意味。子どもは100点をとることで存在の意義が認められたと感じます。すると、「親の意向に沿うことをすれば愛される、そうでなければ愛されない」というロジックが形成されやすくなります。

このような関わり方の多い親の子どもは、**「親の評価」**ばかり気にして、**「親の物差し」**で物事を考えるようになり、自分軸が育ちづらくなります。すると人生で何か悪いことがあったときに、「こうなったのは親のせいだ」と責任転嫁するようにもなるのです。

そうならないために必要なのは、**「結果」ではなく「本人がやったこと」をほめること。**

自分の気持ちを伝えること。テストが100点でも、「毎日、勉強して頑張ったもんね」と努力を認める。お手伝いをしてくれたら、**「えらいね」ではなく「うれしい」**と気持ちを伝える。本人自身の行動や頑張りをほめて、認めて、気持ちを大げさに伝えてあげる。そうすると子どもの承認欲求が満たされて、伸び伸びと育っていくのです。

×よけいなひと言

耻ずかしいからやめなさい

◎伸びるひと言

○○したほうが素敵だよ

恥ずかしいのは親のほう。
子どもがその行動をとるのには意味がある

電車や公衆の面前で、子どもが泣いたりぐずったりしていると、「恥ずかしいからやめなさい！」「そんなに泣いたらみっともないでしょ！」と子どもを叱りつけている親をよく見かけます。しかしこれは、親が恥ずかしくてみっともないと思っているのであって、子ども自身はそう思っていないから泣きじゃくっているのです。

子どもの気持ちは複雑で、親にかまってほしくてわざと泣くこともあります。思春期の子どもが悪いことをするのも、どんな自分でも受け入れてほしいと思うから。ある意味、親を試しているともいえます。小さい子どもも同じで、たとえ叱られても怒られても、大好きな親に関わってもらいたくて泣くのです。けれども子どもの気持ちが理解できない親は、ただ面倒だと思って当たり散らしたり、「もう知らない！」と放っておく人も。

その悪循環を断ち切るためには、まずは子どもに向き合って話を聞いてあげることです。存在そのものが愛されている、という実感を与えることが大切です。**「〇〇ちゃんは泣くより笑ってるほうが素敵だよ」**と**プラスの声かけ**をすると、子どもも安心して親の言うことを聞き入れられるようになります。

子どもの行動には必ず意味があります。その意味を理解して寄り添ってあげること。そして、愛情をたっぷり注いであげると子どもも安心して、事態が好転することが多いのです。

×よけいなひと言

なんでそんなこともできないの？

←

◎伸びるひと言

◯◯してほしかった

できないことを責められた子どもは、どんどん自信を失っていく勉強、スポーツはもちろん、食事、お手伝いなどの生活習慣まで、子どもは成長過程でいろいろなことを覚えながら、少しずつできることを身につけていきます。当然、一度や二度教わっただけでは覚えられないこともありますよね。それなのに、「なんでそんなこともできないの？」と子どもを責めると、どんどん自信を失っていきます。

自分が子どもになったつもりで、逆の立場で考えてみましょう。できないことを責められるほど辛《つら》いことはないはずです。けれども、親になると子どもを思い通りにしたくなって、本人の気持ちを客観視できなくなることが多いのです。

期待通りにならなかったことを残念に思うのであれば、「ママは自分で学校の準備をしてほしかった」というように、**自分の気持ち**を伝えてください。子育ても〝アイメッセージ〟が基本。また、子どもがやる気がないことや苦手なことは、無理やりやらせようとするのではなく、親が手伝うことによって「小さな成功体験」を積み重ねていくようにしましょう。

人間には長所と短所も、得意不得意もあります。できないことややりたくないことを、しつこくやらせようとするのは明らかに意地悪な行為ですよね。子どもの自尊心を傷つけないためにも、できないことを責めずに、できるまでサポートしてあげる。そして、「**〇〇してほしいな**」と親の気持ちを伝えることを習慣にすると、子どもも笑顔になれるでしょう。

× よけいなひと言

言うこと聞かないなら
ママは出ていくから

←

◎ 伸びるひと言

言うことを聞いてくれないと
ママはつらい

脅したり突き放したりする言葉の暴力は虐待になる

子育てが自分の思い通りにいかないとき、悪いことを引き合いに出して、子どもを脅す親がいます。親子ゲンカをしたり、反抗的な態度をとる子どもに対して、「そんなことするならママは出ていくから！」「言うこと聞かないならママはもう死んじゃうからね！」とまで言う親もいるのです。

これは、「言うことを聞かないならひどい目に遭わせるぞ。困らせるぞ」と脅して、突き放すのと同じこと。「勉強ができない子はもう知らないから！」「お片づけしないと叩くからね」「悪いことをすると警察に連れていかれるから」と言うのも、すべて**子どもを脅かす言葉**です。

特に、勉強させるために、言葉の暴力で子どもを脅したり傷つけるのは、最近では「教育虐待」と言われていて非常に問題視されています。

親に脅されると、子どもは萎縮して自分を押し殺し、いい子のフリをする子も少なくありません。しかし、我慢して親の言いなりになっても、いつか限界がきます。

子どもに言うことを聞いてほしいなら、**「言うことを聞いてくれなくてママはすごく悲しい」**とまずは自分の気持ちを伝えましょう。そのうえで子どもの気持ちも聞いて、**「じゃあどうしようか」**と話し合うのです。そこでお互いが納得できる解決策を考えれば、子どもの意思を尊重することになり、親子の信頼関係を築くことができるのです。

IIKAE 131 ZUKAN

×よけいなひと言

失敗しないでね

←

◎伸びるひと言

いつもの調子でチャレンジしておいで

「失敗しないでね」で
ますますプレッシャーを感じて失敗しやすくなる

大切なテストや発表会の前など、子どものことが心配でミスしないように気をつけてほしいあまり、「失敗しないでね」とか「間違えないでよ」と声をかけたことはないでしょうか？

これは大人も同じで、**言われれば言われるほどプレッシャーが高まります**。「失敗してはならない」「間違えてはならない」と思えば思うほど、どうしても緊張して萎縮してしまうからです。すると本来できるはずのことも、プレッシャーに負けて本領を発揮できなくなるケースは少なくありません。

むしろ子どもに必要なのは、小さな失敗をたくさん積み重ねることです。その繰り返しのなかで、失敗してもリカバリーできることを学び、ちょっとやそっとのことではへこたれないタフな心が育まれていきます。ですから親は、子どもの身に危険が及ばない範囲で、**「失敗しても〇K！」**という気構えでいたほうがいいのです。失敗を怖れない強い子どもに育てたいなら、**「いつもの調子でね」**という声かけのほうが、子どもも安心できます。

人間には「自己実現の欲求」があります。有名なマズローの「欲求五段階説」に示されているように、自分の能力や可能性を最大限に発揮し、あるべき理想の自分に近づきたいという欲求のこと。この欲求を発揮できる「環境」を与えると、さまざまな形で自己実現を図ろうとするタフな大人に育っていくのです。

第15章

ハラスメントになりやすいNGワード

2020年6月、「パワハラ防止法」が施行されました。

ハラスメントと一口に言っても、その内容はさまざま。現在はおもに、「身体的な攻撃」「精神的な攻撃」「人間関係からの切り離し」「過大な要求」「過小な要求」「個の侵害」の6つの種類に分けられ、部下から上司に対する「逆パワハラ」も増えています。

パワハラの行為者（加害者）になりやすい人の特徴として、「物事を勝ち負けで判断する」「〇〇するべき論を強く持っている」などがあげられます。「自分はハラスメントなんかしていない」と言う人ほど、自分を客観視できないために行為者になるケースが少なくありません。

どんな言葉遣いや行動をしたら、相手を困らせ、ハラスメントになってしまうのか。まずはここで、自分を振り返ってみてください。自分を理解しようとする人は、他人のことも理解しようとします。自分を大切にすることは、周りの人を大切にすることにつながります。

お互い思いやりをもって、わかり合える関係性をつくっていけますように。

とりあえず見てればいいから
ハイ
男は背中で語るぜ
全っっっ然わからない
どうしよう
ちょん
こっちの業務も少しずつ覚えてもらおうかな
ハイッ
くるっ
フリ
フリ
その後も部長は背中で語り続けた…

とりあえず見ていればいいから やりながら覚えて ×

部下に対して、自分で考えて仕事に取り組んでほしいと思う上司は多いでしょう。しかし、「あれこれ指導するよりも、仕事は見て覚えてもらいたいから自主的に行動してほしい」という指導方針は、上司と部下の**すれ違いを生みやすくなります**。

「やりながら覚えて」「とりあえず見ていればいいから」とあえて部下に指示を出さずにいた上司が、「何も教えてもらえず、やることがなくて精神的に居場所がない」と指導怠慢で訴えられたケースもあります。**「言わなくても、そのうちわかるだろう」**という考えはトラブルのもと。こういうケースは、スモールステップで少しずつ業務を指導していくことが求められます。

何でも相談して。でも忙しいから今度にして

×

「ダブルバインド（二重拘束）」は、２つの矛盾する命令をする対応の仕方のことを言います。

部下に「何でも相談して」と言いながら、いざ相談すると「忙しいから後にして」と無視する上司。「自立しなさい、でも親からは離れないで」「好きなことをしていいよ、でも成功する人間になりなさい」「結婚しなさい、でもあの人はダメ」と親が子どもを**二重に縛る**ケースも目立ちます。

相手を振り回すことでマインドコントロールを行う、モラルハラスメントに抵触する行為にもなりえます。部下の指導や子育てで、自分がダブルバインドで関わっていないか意識してください。

なぜ、やらなかったんだ?
なぜ、こうなったんだ?

×

「なぜ?」は **〝デンジャラス・クエスチョン〟** と言われ、相手を追い詰める言葉です。人は、頭ではわかっていても、どうにもならない「思い」を抱えていることが多く、それゆえ「なぜ」という問いに答えるのが難しいのです。

「なぜこうなったのか?」「なぜやらなかったのか?」と状況確認して問い詰めることを〝調査的対応〟と呼びます。「状況を把握しなければ対処のしようがない」と問題解決志向の人が陥りやすい関わり方です。しかしこれは、「追及」「脅迫」「叱責」ととらえられる危険性があります。もちろん原因究明が必要なこともありますが、その前に**まずは相手の意向や気持ちを聞くこと**です。

バカ　アホ　のろま

×

「今の時代、こんなこと言う人いるの？」と思うかもしれませんが、実際にいるのです。

組織では役職や経験年数で「上下関係」が明確になるため、上の立場の人間が下の人間を攻撃したりコントロールするとハラスメントにつながります。その中でも最悪なのが、「バカ」「アホ」「のろま」といった**人格否定の言葉で相手を追い詰めること**。本人そのものの価値をおとしめるような言葉です。「バカ」「アホ」呼ばわりする上司のパワハラが原因で自殺した事件もありました。同じような悲劇はあらゆる企業で起きています。「指導の延長」と自分に自覚がない人ほど、行為者（加害者）になりやすいので気をつけて。

若い子はいいね　男のくせに

性別、年齢、容姿について会話の中で引き合いに出すのは、特にビジネスの場におけるコミュニケーションでは不適切です。「若い子はいいね」「女の子はいいよね」とほめ言葉のつもりで言うのはもちろん、「なんで髪切ったの？」「スカートなんてめずらしいね？」といった容姿に関する無神経な質問も、ジェンダーハラスメントとしてとらえる人が増えています。

「女のくせに」「男なのに」もレッドカード。そのような認識は、偏見を生み、差別につながるような行動に発展しやすくなります。

ですから職場では**「性別」「年齢」「容姿」に関する発言**は、くれぐれも慎むようにしてください。

そこのお嬢ちゃん うちの女の子が

セクハラになり得る言動はさまざま。性的なことを尋ねたり性的な冗談を言うこと、個人的な性的体験談を話すこと、性的な関係を迫ったり体に触ったりすること。ウワサを流すこともNGです。

「男の子／女の子」「お坊ちゃん／お嬢ちゃん」などと、大人に対して見下すような呼び方も注意が必要です。

よく**「○○ちゃん」**と名前で呼ぶのがセクハラにあたるか聞かれることがあります。たとえば、課内の人員すべての人が「○○ちゃん」と呼び合うならその組織の独自ルールとなるでしょう。しかし特定の人のみに使うなら、セクハラと言われてもしかたありません。

私じゃないとダメですか？

最近使う人が増えてきたのが、「私じゃないとダメですか？」という断り文句です。「同じ給料をもらうなら少しでもラクしたい」と思う人も少なくありません。

また、「たいした仕事じゃないならやりたくない」「苦手なことはやりたくない」という別の意味で、**「なんで私なんですか？」「私じゃなくてもできる仕事ですよね？」**と言い返す人もいますが、ビジネスの場でふさわしくない、わがままです。

「取扱注意」の危険人物に認定されないためにも、このような言葉を口にするのは避けましょう。

嫌です やりたくありません

人は何かを伝えたいとき、「感情」を先に言いたくなる傾向があります。たとえば、何か頼まれたときに、「嫌です」「やりたくありません」と即答するのは完全なNG。

そもそも仕事は、基本、好き嫌いで選べるものではありません。最近は、IT技術に弱い上司に対して、経験や知識が豊富な部下がこうした返答をして嫌がらせをするモラハラの例も起きています。**ビジネスの場に「私情」を持ちこむのは御法度**です。

本当にできないことを請け合う必要はありません。ただ、面倒だからと言って感情のままに対応するのは、いただけません。

いいけど

人間関係がうまくいかない人の中には、**相手に不快感を与える口癖が習慣になっている**人もいます。「いいけど」「○○けど」はその代表的な言葉で、逆接の意味合いがあり、「よくない」「○○でない」という意味にとらえられます。

「もう少しわかりやすく説明してくれるといいんだけど（＝要求）」「もっと早く言ってくれたらよかったんだけど（＝責任転嫁）」「どうせ無理なんでしょうけど（＝軽蔑）」「そろそろ終わりにしてほしいんだけど（＝遠回しな圧力）」「あの人、性格はいいんだけど（＝中傷）」などがその例です。

「○○けど」が口癖になっている人は気をつけましょう。

でも　だって　だけど　ていうか ✕

人が話したことに対して口癖のように、「でも」「だけど」「だって」「ていうか」という言葉を多用する人がいます。「でも、時間ないし」「だって、無理ですよ」「だけど、どうにもならないよ」「ていうか、もともと知らないし」というように、これらの言葉のあとに続くのは決まってネガティブな話。相手は自分が言ったことを否定されてゲンナリしてしまいます。

はっきりとした反対意見があるわけでもないのに、**否定的な言葉から入ることが癖になっている人**は、この4つの言葉を使わないように意識して。そうすれば、人が離れていくのを防ぐことができ、好かれる人になっていけるのです。

おわりに

私たちは、日本語を自由に操れると思いがちですが、実はそうではなく、決まりきったいくつかのフレーズを繰り返し使っています。意外と少ないボキャブラリーでこと足り、同じ言葉を常に発しているのです。

ですから、習慣となっている口癖はいつも、不意に口からこぼれます。それが、相手を追いつめ、自分に返ってくる言葉だったらどうでしょう。しかも、何気なく使っていたとしたら……。

たったひと言で、元気をもらうこともあれば、反対にひどく落ち込んで、そのあと何度もそのフレーズが頭をよぎり、さらに嫌な気持ちになることがあります。

私の場合、それはよく起こります。そのたびに、「私は使わないぞ！」と心に誓うのです。気を抜くと知らないうちに使ってしまっているかもしれませんが、少なくとも使わないようには心がけています。講師という仕事をしながらも、日々、努力を積み重ねる毎日です。

心配性の私は、自分の言ったひと言が相手を傷つけてしまったらどうしよう、と思い悩むことが嫌なので、慎重になるのですが、もしかしたらそれは、自分が嫌な人だと思われたくない、自己防衛なのかもしれません。しかし、自分を守ることは、とても大切なことです。

私は、カウンセリングや研修の折に、いつも「自分のことを大切に」というメッセージを伝えるようにしています。

カウンセリングをしていてよく感じることなのですが、自分をないがしろにしている人がとても多いのです。自分の気持ちに向き合えていない、ということです。

私たちは、「自分の気持ち」を見ないようにすることで、なんとか折り合いをつけて過ごしています。なので、自らに向き合うことは難しく、なかなか自分の思いを把握できないのです。

「自分の気持ち」を抑え込み、相手を優先すると、我慢する、耐えるということが増えます。そして、相手から思うような反応がなかった場合に、「こんなにしてあげているのになんなのよ！」とわかってもらえない悲しさが怒りに変わりやすくなります。自分を抑圧しているせいで、心に余裕もありません。

結局のところ、相手に対して攻撃的な態度に出てしまい、それを受け取った相手から同じように攻撃を受けるという負のスパイラルが生まれてしまいます。


人との関わりの中で、自分でもつかめていない気持ちを抱えつつ、自分の意思を伝えるなんて至難の業です。それではいつまでたってもわかり合えません。

コミュニケーションは、相手のあることなので、どうしても相手のことに目が行きがちですが、実は、そうではありません。コミュニケーションの是非は「自分の在り方」で決まるのです。自らの意思や思いを把握できてこそ、人にそれを伝えることができます。わかり合うための基本です。


「好意の返報性」という言葉をご存じでしょうか。好意をもって接する相手からは好意的に思われるということを示します。

しかし、相手にそれを求めることは難しいので、言われて心地よい言葉を自分から使いましょう。そうすることによって、人からの反応も変わってきます。

他者から丁寧に接してもらえた経験を積み重ねていくことによって、おのずから自分のことを認められるようになり、自己肯定感も高まります。

自己肯定感は、幸せに生きる原動力です。ですから、自分のためにも自ら発する言葉に注意を向けてほしいのです。

「情けは人の為ならず」です。

是非、本書を通じて、自分の発する言葉に少し注意を向けてみてくださるとうれしいです。ちょっとした「言いかえ」が、あなた自身も周りの人も、幸せにしてくれることを願っています。

自分も相手も大切に。豊かな人間関係構築の一助になりますように。

大野萌子

大野萌子　おおの もえこ

一般社団法人日本メンタルアップ支援機構（メンタルアップマネージャ® 資格認定機関）代表理事。法政大学卒。産業カウンセラー、2級キャリアコンサルティング技能士。

企業内カウンセラーとしての長年の現場経験を生かした、人間関係改善スキルを得意とする。コミュニケーション・ハラスメント・メンタルヘルスに関連する行動変容に直結する研修・講演を、防衛省をはじめ、大手企業等で年間150件以上行う。また、だれでも参加できる「生きやすい人間関係を創る」コミュニケーションスキルを1日で学べる「メンタルアップマネジメント講座」を開催している。

著書『「かまってちゃん」社員の上手なかまい方』（ディスカヴァー・トゥエンティワン）、『言いにくいことを伝える技術』（ぱる出版）ほか、メディア出演多数。東洋経済オンラインにて2019ロングランヒット賞を受賞。

https://japan-mental-up.biz/

装丁　萩原弦一郎（256）
挿画　ヤマサキミノリ
組版　朝日メディアインターナショナル株式会社
構成　樺山美夏
校閲　株式会社鷗来堂
編集　桑島暁子（サンマーク出版）

よけいなひと言を好かれるセリフに変える言いかえ図鑑

2020年8月30日　初版発行
2021年2月5日　第16刷発行

著　者　大野萌子
発行人　植木宣隆
発行所　株式会社サンマーク出版
東京都新宿区高田馬場2-16-11
電話　03-5272-3166
印　刷　株式会社暁印刷
製　本　株式会社村上製本所

ISBN978-4-7631-3801-9 C0036
https://www.sunmark.co.jp